Impressum

Titel:
Architektur/Architecture
Der Studiengang Architektur an der Universität der Künste Berlin
The Architecture Department at the Berlin University of the Arts

Herausgeber:
Universität der Künste Berlin
Der Präsident
Studiengang Architektur
Institut für Architektur und Städtebau (IAS)
Institut für Geschichte und Theorie der Gestaltung (IGTG)

Organisation, graphische Bearbeitung und Drucklegung:
Prof. Dr. Norbert Palz, Clemens Vogel mit Anna Bajanova,
Eric Zapel und Georg Hana
Verlag der Universität der Künste Berlin 2013
© Universität der Künste 2013

Satz, Druck und Bindebearbeitung:
Laserline Berlin Scheringstraße 1, 13355 Berlin
ISBN: 978-3-89462-241-1

Bibliographische Information der Deutschen Nationalbibliothek
Die Deutsche Nationalbibliothek verzeichnet diese Publikationen
in der Deutschen Nationalbibliographie; detaillierte Daten sind
im Internet über http://dnb.d-nb.de abrufbar.

Umschlagentwurf:
Prof. Dr. Norbert Palz und Clemens Vogel

Lektorat:
Prof. Dr. Michael Bollé, Prof. Dr. Gabriele Schultheiß, Eric Zapel

Englische Übersetzungen:
Eric Zapel

Gedruckt auf 90g/m2 Munken Print White 15 (FSC) mit Frutiger
Schrifttype.
Unterstützt wurde das Projekt durch den UdK Verlag, die Presse-
stelle und die Verwaltung der Fakultät Gestaltung der Universität
der Künste. Diesen Abteilungen sei hiermit ausdrücklich gedankt.

Architektur
Architecture

**Der Studiengang Architektur an der
Universität der Künste Berlin**
The Architecture Department at the
Berlin University of the Arts

Universität der Künste Berlin

Inhalt
Index

Das hier vorgestellte Buch hat das Ziel, das besondere Profil des Architekturstudiums an der Universität der Künste (UdK) in Texten, Bildern und Zeichnungen nach außen zu kommunizieren. Neben der inhaltlichen Darstellung des Studiengangs auf rund 200 Seiten zeichnet die Publikation darüber hinaus ein atmosphärisches Bild der einzigartigen Studienbedingungen der UdK in Berlin. Durch seine begleitenden englischen Texte gewährt es zukünftigen internationalen Studierenden und akademische Partnern einen inhaltlichen Einblick in die Inhalte und Struktur des Bachelor- und Masterstudiums.

This publication aims to communicate the distinct profile of the architectural department at the Berlin University of the Arts (UdK). Besides presenting informative content on over 200 pages, the goal was to paint an atmospheric picture of the unique study conditions of the UdK Berlin. The accompanying English translations enable future international students and our academic partners to better gain an insight into the content and structure of the bachelor and master architectural degree programs.

Geleitwort des Präsidenten
President's Foreword

Wenngleich seit vielen hundert Jahren ein Diskurs darüber geführt wird, was Architektur vom bloßen Bauen unterscheidet, so sind wir uns in unserer Institution doch einig, dass sich Architektur an einer Universität der Künste – über den einfachen Zweck und den maximalen Nutzen hinaus – einer besonderen gestalterischen Qualität verpflichtet fühlen muss: Architektur als Baukunst.

Weil sich im Laufe der Zeit die Vorstellung darüber, was durch die architektonische Leistung ein Bauwerk über das rein Zweckhafte hinaushebt, gewandelt hat, ist es sinnfällig, dass auch der Begriff selbst einem permanenten Wandel unterliegt und in seiner ganzen Tiefe nur historisch fassbar zu sein scheint. Architekten sind – so verdeutlicht die griechische Wurzel des Wortes – auf den ersten Blick Handwerker oder Baumeister. Bei genauerem Hinsehen wird jedoch deutlich, dass der zweite Wortbestandteil »téchne« als Kunst, Wissenschaft oder Technik verstanden werden kann – oder besser: als Kunst, Wissenschaft und Technik verstanden werden muss. Aus dem heute vorherrschenden Verständnis des Begriffs Technik gezogene Rückschlüsse auf die Wortbedeutung von »téchne« sind nämlich falsch: Die altgriechische Bedeutung enthält keine Unterscheidung der heutigen Kategorien.

Wir sind permanent von Gebäuden umgeben, von Raum und Hülle, der Dualität von Außen und Innen. Als Präsident der größten künstlerischen Hochschule Europas sage ich sicherlich nicht leichthin, dass zu vermuten steht, dass Architektur unser alltägliches Leben stärker noch bestimmt als Musik und Malerei, Schauspiel und Tanz. Hieraus ließe sich eine besondere Verantwortung der Architekten ableiten – und damit der Institutionen, die Architektur lehren. Nicht zuletzt aus diesem Grunde haben wir an der UdK Berlin alle Künste im Blick und verteidigen den Eigenwert derselben. An unserer Institution

wirken die Künste – und Wissenschaften – zusammen, befruchten sich wechselseitig und stehen damit in der Tradition der Künstlerinnen und Philosophen, die über Jahrhunderte immer wieder Gemeinsamkeiten zwischen den Künsten gesucht und geschaffen haben und sich von den wechselseitigen Impulsen haben bereichern lassen. So bezog sich beispielsweise in der Renaissance die Proportionslehre in der Architektur auf die Harmonielehre in der Musik. Die Architekten der großen Opernhäuser und Konzertsäle wiederum schufen neue Möglichkeiten des künstlerischen Ausdrucks für Musikerinnen und Musiker. Der Wandel des Studiengangs Architektur an der UdK Berlin vom Diplom hin zu den modularisierten europaweit vergleichbaren Bachelor- und Masterabschlüssen erfordert gerade jetzt eine Neubesinnung auf die skizzierten, generischen Potenziale der Architekturausbildung an unserer Institution. Die in den letzten Jahren vielen neu berufenen Professorinnen und Professoren führten zu einem Generationenwechsel, der den Prozess der Eigenreflexion und die Herausbildung einer neuen Identität auch vor dem Hintergrund der internationalen Strahlkraft unübersehbar in den Fokus gerückt hat. Die Universität der Künste Berlin versteht sich darüber hinaus als Wegbereiterin für eine differenzierte Sicht auf die Funktion der Architektur in vielen Kontexten – kulturellen, gesellschaftlichen und ökonomischen. Ich danke allen an diesem Prozess beteiligten Lehrenden, Studierenden und Mitarbeiterinnen und Mitarbeitern herzlich für ihr Engagement und sehe die vorliegende Studiengangspublikation als einen wesentlichen Schritt auf diesem gemeinsamen Weg.

Prof. Martin Rennert
Präsident der Universität der Künste Berlin

In spite of the fact that a discourse has existed for centuries on what differentiates architecture from the normal practice of building, we are convinced that architecture at a university for the arts needs to go beyond functionality and the efficient use of space, and instead remain indebted to a distinct creative quality, namely architecture as the practice of building culture. The idea of what architectural aspects are required for the creation of a building, which goes beyond shear pragmatic purposefulness has changed and suggests that the term "architecture" itself is subjected to continuous alteration therefore requiring a novel reassessment of its historical origins. Architects are – according to the Greek origins of the word – first and foremost craftsmen and builders. Yet at closer inspection, it becomes clear that the second part of the word »téchne« can be understood as art, science or technique, or – even better – must be understood as art, science or technique. The modern use of the term technique does not correspond with the ancient Greek meaning of »téchne«, which did not differentiate between the categories that exist today. We are permanently surrounded by buildings, by spaces and their envelopes, the duality of inside and outside. As president of the largest art university in Europe, it is certainly not an easy thing to say, but it can be assumed that architecture may indeed have a stronger impact on our everyday lives than music, painting, drama and dance. From this assumption, one could deduce that architects therefore have an extraordinary responsibility – as do the institutions that educate them. It is for this reason that the Berlin University of the Arts is interested in all forms of the arts, and similarly recognizes the value of each one. At our institution, the arts and sciences operate collectively thereby enriching each other and continuing the tradition of artists and philosophers, who searched for and established a common ground between the different disciplines in order to benefit from new impulses in each field, respectively. This was, for instance the case during the Renaissance when the field of architecture derived its studies of proportions by looking at concepts of harmony in music. And vice versa, the architects of great operas and concert halls created innovative possibilities for the musician s artistic expression. The transition of the UdK s architecture department from a diploma towards a modular European bachelor and masters degree program requires a reconsideration of the generic potentials of architectural education at our institution. The numerous newly appointed professors brought with them a generational change that naturally put the focus on the process of self-reflection and the establishment of a new identity against the backdrop of the school's international profile. The Berlin University of the Arts furthermore considers itself a forerunner in calling for a differentiated view of the function architecture has in many contexts, including cultural, sociological and economic fields. I would like to express my gratitude to all dedicated department members, students and collaborators for their contributions and view this publication as an essential step on a shared future path.

Prof. Martin Rennert
President of the Berlin University of the Arts

Geleitwort des Dekans
Dean's Foreword

Als 1993 die letzte – und vermutlich auch einzige – Broschüre über den Studiengang Architektur erschien, hießen wir noch Hochschule der Künste und der Studiengang Fachbereich 2. Von den damals vorgestellten 15 Professorinnen und Professoren ist niemand mehr an der UdK, auch haben wir nur noch 11 solcher Stellen, d. h. manche Fachgebiete existieren heute gar nicht mehr, z. B. „Farbenlehre und Oberflächentechnologie", „Stadtplanung" oder „Planungsmethodik". Es gab ein Grund- und Hauptstudium, einen Abschluss als „Werkarchitekt" (1. Diplom), und alle entwarfen noch an Zeichenbrettern, Computer benutzte man in erster Linie zum Schreiben. Beamen war nur „Star-Treckern" ein Begriff. Die Zeiten haben sich geändert.
Der Titel der letzten Broschüre hieß „Einsichten", diese könnte „Aussichten" heißen, denn heute haben wir auf das Bachelor und Master-System umgestellt, allerdings auf das eher seltene 8 + 4- Modell, acht Semester Bachelor und vier Semester Master, weil an einer Kunsthochschule die künstlerische Praxis unerlässlich ist und das Studium um eine Facette vermehrt, die an den technischen Universitäten nicht so ausgeprägt ist. Es liegt an uns, ob es gegenüber dem Diplomstudiengang das bessere Ausbildungssystem für Architekten ist. Wir werden auf den künstlerischen Freiheiten des Studierens bestehen, für die die UdK in der Vergangenheit gestanden hat und wofür

sie weiterhin stehen möchte; wenn das nicht so bleiben sollte, sollte man vor Änderungen nicht zurückscheuen.
Trotz des engeren Korsetts hat man UdK-weit ein *studium generale* eingeführt, wenn auch kein freiwilliges. Die Kulturwissenschaften sind es, die im weitesten Sinne horizonterweiternd wirken sollen. Wir müssen sehen, dass wir das so hinbekommen, dass die Studierenden tatsächlich dadurch weiter kommen, als ohne ein *studium generale*.
Auf manche Dinge hat der Studiengang keinen unmittelbaren Einfluss, dazu zählt die Finanzierung der Hochschulen. In seltener, aber umso begrüßenswerterer Einigkeit treten die Berliner Universitäten und Fachhochschulen gegenüber dem Berliner Senat für ihre finanziellen Belange ein. Es ist zu hoffen, dass das in Zukunft so bleibt. Gleichwohl kämpft man um den status quo, nicht etwa um tatsächlichen Aufwuchs. Beschränken wir uns also auf das Wesentliche und besinnen wir uns auf das Inhaltliche. Diesem Zweck dient auch diese neue Broschüre.

Prof. Dr. Michael Bollé
Dekan der Fakultät Gestaltung

In 1993, when the last – and probably only – publication about the architecture program was published, the university was still called the College of the Arts, and the architecture department was dubbed with the moniker "Department 2".

None of the former 15 professors still teach at the UdK, and additionally their number in the meantime has been reduced to 11 pointing to the disappearance of subjects like "The Theory of Colors and Surface Technology", "Urban Planning" or "Planning Methodologies". Back then, the program was divided into a basic and main period of study, and one was awarded with the unusual degree of "Werkarchitekt" (1st Diploma). Everybody designed with the aid of drawing boards, since computers were really only for writing. And beamers (projectors) were known only to those with a fascination for "Star-Trek" movies. Obviously, times have changed.

The title of the last publication was called "Insights". This one could be called "Outlook" since in the meantime we have introduced a Bachelor and Masters degree system, in our case a rather rare 8+4 model meaning we offer an eight semester Bachelor and four semester Masters degree due to the fact that an artistic education demands significant practical experiences that enhance the course of study in a form rarely found at technical universities. It is now up to us to make these two programs – bachelor and masters – a superior study mode for a contemporary architectural education. Simultaneously, we aim to protect the artistic freedom for which the University of the Arts has been recognized in the past and for which it wants to remain known. If this does at some time or another seem unattainable, adaptations have to be undertaken.

Despite its tight corset, the UdK has managed to introduce a university-wide *studium generale*, although a non-voluntary one. Cultural studies are intended to widen the students horizon in the broadest sense. It is our obligation to ensure that our students achieve a higher benefit from this initiative than would be the case otherwise.

On certain issues, the administration of the architecture department has no control, academic budgets being one of those. In a rare and welcome sign of unity, Berlins universities and colleges are standing up collectively to announce their financial demands to the Berlin Senate. One can hope that this solidarity proves sustainable. Conservation of the status quo – and not a gain – is the humble purpose of this initiative. Let us therefore focus on the essentials and zero in on the content. This should be one of the purposes of this publication.

Prof. Dr. Michael Bollé
Dean of the College of Architecture, Media and Design

Profil der UdK
Profile of the UdK

In über 300 Jahren bewegter Geschichte ist die Universität der Künste Berlin nicht nur zu einer der führenden, sondern vor allem auch zu einer der vielseitigsten künstlerisch ausgerichteten Hochschulen Europas herangewachsen.

Die Reformwelle der siebziger Jahre formte die – aus der Vereinigung der Hochschule für Bildende Künste und der Hochschule für Musik hervorgegangene – HdK Berlin zu einer künstlerisch-wissenschaftlichen Hochschule, die über dreißig künstlerische und mit ihnen verbundene wissenschaftliche Studiengänge unter einem Dach vereint. Den gesellschaftlichen Wandel, die Herausforderungen der Neuen Medien und die Veränderungen im Bildungswesen in den neunziger Jahren nutzte die heutige UdK Berlin als Chance für eine grundlegende Neuausrichtung. Mit der Umstrukturierung in vier Fakultäten – Bildende Kunst, Gestaltung, Musik, Darstellende Kunst – ergänzt durch ein erziehungs- und gesellschaftswissenschaftliches Angebot für Lehramtsstudierende sowie eine leistungsorientierte Verwaltung hat die Universität die Voraussetzungen für ihre erfolgreiche Weiterentwicklung in diesem Jahrhundert geschaffen. Als Maß aller Dinge gilt an der UdK Berlin die Qualität der kreativen Leistung. Dies belegen nicht nur hochgradig besetzte Professuren und strenge Aufnahmeprüfungen, sondern auch die klangvollen Namen berühmter UdK-Absolventen und -Absolventinnen – in Kultur, Wissenschaft und Wirtschaft. In den universitären Gremien gestalten Lehrende und Studierende sowie Beschäftigte der Verwaltung die moderne Universität der Künste Berlin gemeinsam.

Das Modell, alle Künste und die ihnen zugeordneten Wissenschaften unter einem Dach zu vereinen, ist einzigartig in Europa. Grund genug für die Deutsche Forschungsgemeinschaft (DFG), der UdK Berlin als erster deutscher künstlerischer Hochschule die Einrichtung eines Graduiertenkollegs zu bewilligen – sein Thema: Praxis und Theorie des künstlerischen Schaffensprozesses.

Das viel geforderte Denken über Fachgrenzen hinweg, das Arbeiten in interdisziplinären Teams ist an der UdK Berlin tägliche Praxis. In zahlreichen fachübergreifenden Einrichtungen suchen Studierende und Lehrende projektbezogen zusammen nach den besten Lösungen. In konzentrierter Form wird diese Atmosphäre in der künstlerischen Begegnungsstätte Gutshof Sauen in Brandenburg erlebbar. Ungestört von der städtischen Hektik wird hier von UdK-Angehörigen geprobt, entworfen und gelehrt.

Ob in London, Warschau, Peking oder New York, die UdK Berlin ist weltweit ein Begriff. Durch ihre vielschichtigen internationalen Beziehungen hat sich die Universität in zahlreichen Ländern bereits einen guten Namen gemacht – unter anderem als Initiatorin eines internationalen Netzwerkes (NICA), in dem führende Kunst- und Musikhochschulen aus aller Welt partnerschaftlich zusammenarbeiten. Insgesamt pflegt die UdK Berlin über 100 internationale Hochschulpartnerschaften. Über 800 ausländische Studierende – das entspricht etwa 20 Prozent aller UdK-Studierenden – sind aktuell an der Universität eingeschrieben.

Die UdK ist ein Teil Berlins, und Berlin ist ein Teil der UdK. Kaum eine andere europäische Stadt bietet derzeit eine solche Vielfalt kultureller und künstlerischer Strömungen wie die deutsche Hauptstadt; Drehscheibe zwischen Ost und West und Schmelztiegel ihrer Kulturszenen. In über 800 Veranstaltungen jährlich stellen sich Lehrende und Studierende der UdK Berlin mit ihren Arbeiten einer kritischen Öffentlichkeit – viele davon gelten mittlerweile als feste Größe im Berliner Kulturkalender.

During the 300 years and more of its eventful history, the Universität der Künste in Berlin has not only become one of the leading universities in Europe, but above all one of the most versatile art institutions of its kind.

The wave of reforms in the 1970s turned Berlin's HdK (Hochschule der Künste) – which had emerged from the fusion of the Hochschule für Bildende Künste (College of Fine Arts) and the Hochschule für Musik (College of Music) – into an academic university of the arts, uniting over thirty art study courses and academically related subjects under one roof. Today's Berlin University of the Arts used the opportunity offered by social change, the challenges of the new media and changes in the education system during the 1990s for a fundamental reorientation. By reorganising its courses into four faculties – the Fine Arts, Design, Music and Performing Arts – and supplementing them with the offer of teacher training, social science for teacher trainees and an efficient administration, the university created the conditions it required for continued successful development in this century.

The measure of all things at Berlin's UdK is the quality of creative achievement. Proof of this is not only to be found in the excellence of the professors among its staff and in the demanding entrance exams, but also in the illustrious names of famous UdK graduates – from the cultural sector, the sciences and commerce.

In the university committees, teachers, students and administration staff work together to shape the modern University of the Arts in Berlin. This model, uniting all the arts and related sciences under one roof, is the only one of its kind in Europe. Reason enough for the UdK Berlin to be the first German art college for which the German Research Council (Deutsche Forschungsgemeinschaft) has authorised the establishment of a post-graduate programme – its theme: the creative process of art in theory and practice. In addition, the Berlin University of the Arts has the right to confer doctorates and postdoctoral lecturing qualifications (Habilitation).

It is part of everyday practice at the UdK Berlin to pursue the much-demanded approach of disregarding subject boundaries, and to work in interdisciplinary teams. In numerous multidisciplinary departments, students and teachers cooperate in search of the best solutions for the challenges of each project. The atmosphere created by such joint effort can be experienced most intensely at Gutshof Sauen in Brandenburg, a former manor house and estate where artists now meet. Undisturbed by the bustle of urban life, people affiliated to the UdK Berlin are able to experiment, design and teach there.

The Berlin University of the Arts is well-known, whether in London, Warsaw, Beijing or New York. Its multifarious international connections have already given the University a good name in numerous countries – amongst other things, as the initiator of an international network (NICA), in which leading universities of the arts and music from all over the world cooperate as partners. The UdK Berlin cultivates a total of more than 100 partnerships with international universities and colleges. More than 800 foreign students – that is approximately 20% of all UdK students – are currently registered here.

The University of the Arts is a part of Berlin, and Berlin is a part of the UdK. There is hardly any other city in Europe that offers such a variety of cultural and artistic trends as the German capital; a hub between East and West and the melting pot of their diverse cultural scenes. In more than 800 events each year, many of which are meanwhile considered a constant in Berlin's cultural calendar, teaching staff and students of the UdK Berlin deliver themselves and their work to the mercy of a critical public.

Architekturausbildung an der UdK
Architectural Education at the Udk

Der künstlerisch-wissenschaftliche Studiengang Architektur wird getragen durch das Institut für Architektur und Städtebau (IAS) und das Institut für Geschichte und Theorie der Gestaltung (IGTG). Er ist Teil der Fakultät Gestaltung, die neben Architektur auch Mode- und Industriedesign, Visuelle Kommunikation, Gesellschafts- und Wirtschaftskommunikation und den Studiengang Kunst und Medien beinhaltet. Die Studienmöglichkeiten umfassen ein achtsemestriges Bachelor- und ein viersemestriges Masterstudium. Der Zugang zu beiden Studien wird dabei über eine Mappenkommission geregelt. Die Bewerber/Innen werden hierbei nach einer Portfolio Vorauswahl zu einer praktischen Eignungsprüfung eingeladen, die in einem jährlichen Turnus stattfindet.

Profil des Studiengangs Architektur an der Universität der Künste Berlin

Der Studiengang Architektur an der UdK hat darin sein spezifisches Profil, dass künstlerische und wissenschaftliche Inhalte und Methoden nicht additiv nebeneinander stehen, sondern integrativ miteinander verbunden sind. Der Studiengang verfolgt einen ganzheitlichen Ansatz, in dem vom künstlerischen Entwurf aus die Kenntnisse, Fähigkeiten und Fertigkeiten der einzelnen Fachgebiete erlernt, angeeignet und vertieft werden. Die Entwurfsbereiche Städtebau, Stadtplanung und Architektur werden integriert gelehrt, was ihrer zunehmenden Vernetzung in den beruflichen Tätigkeitsfeldern entspricht. Die Forschung

wird in die Lehre des Studiengangs ebenso einbezogen wie die Berufspraxis und ein weites Spektrum gesellschaftlicher Fragen, die das Bauen und Wohnen betreffen.

In der Integration von Kunst und Wissenschaft, Forschung und Lehre befähigt der Studiengang Architektur an der UdK die Studierenden, im Beruf als Generalisten oder auch als Experten zu agieren. Die Vermittlung fundierter Kenntnisse, Fähigkeiten und Fertigkeiten in den Teildisziplinen ermöglicht es den Absolventen, komplexe Entscheidungsprozesse zu überblicken, zu beurteilen, zu entwickeln und zu steuern. Das weit differenzierte Lehrangebot bereitet darauf vor, gesellschaftliche und technologische Prozesse und Bedürfnisse in ihrer ständigen Veränderung aufzunehmen und verantwortungsvoll mitzugestalten. In allen Aspekten des Studiums lernen die Studierenden, ganzheitliche, nachhaltige und individuelle Konzepte zu entwickeln und fundiert zu verantworten.

Die Forschungstätigkeiten am Studiengang Architektur betreffen entwurfstheoretische, planerische, baukonstruktive und ingenieurwissenschaftliche Themen, die im direkten Bezug zum gebauten Objekt stehen. Ein weiterer Forschungsschwerpunkt sind Themen mit einem theoretischen, historischen oder kulturellen Architekturbezug. Neben Fragen der Architekturgeschichte befassen sich diese theoretischen Forschungsarbeiten mit den kulturellen und künstlerischen Aspekten in den Entwurfs- und Planungsprozessen der Architektur und Kulturwissenschaften.

The architecture program of the University of the Arts in Berlin synthesizes knowledge from the fields of the Arts and Sciences alike. The department is organized by the Institute for Architecture and Urbanism (IAS) and the Institute of History and the Theory of Design (IGTG). The department itself belongs to the College for Architecture, Media and Design, which incorporates Fashion and Industrial Design, Visual Communication and Communication in Social and Political contexts. The bachelor course of study consists of an eight semester curriculum, while the master level requires a minimum of four semesters. Acceptance to the architecture program at the University of the Arts is granted after successfully completing the admissions process, which is held at both the bachelor and masters level. After a first portfolio-based review, selected candidates are required to pass a practical test in different artistic disciplines, which is then evaluated by an admissions committee comprised of professors, teachers and students.

Profile of the architecture program at the University of the Arts Berlin

The architecture program at the UdK garners its distinct profile through the integration of both artistic and scientific content and methodologies. The program continues this integrated approach in which interdisciplinary knowledge and skills are learned, applied and understood in order to develop an artistically driven individual design perspective. Thus, Urban Planning, Urbanism and Architecture are taught in an integrated fashion in line with the contemporary demands of the professional architectural practice. Research and praxis-based experiences are incorporated into the study along with a broad spectrum of social and theoretical questions that address further reaching topics related to architecture, housing and living.

Through the integration of art and science, research and teaching, the student acquires a skill set that allows him or her to operate as either a generalist or expert in a particular field. The acquisition of substantial knowledge, skills and expertise in many disciplines grants the graduate the ability to evaluate, oversee, develop and control complex decision-making processes in his own professional practice. The finely differentiated and flexibly structured program prepares the students to record and responsibly design changing social, artistic and technological processes.

Research topics of the architecture department cover the fields of design theory, digital design, construction and building simulation and structural engineering as regards the contemporary building practice. Further research topics address themes with theoretical, historical and cultural foci. Studies on architectural history and the investigation of cultural and artistic design and planning processes complement the repertoire of theoretical research topics conducted at the Berlin University of Arts.

Studienplan Bachelor of Arts Studiengang Architektur
1.- 4. Studienjahr

Projekt 01   Projekt 02

Entwurf I (Prof. Riegler/Prof. Sobejano)	Entwurf II (Prof. Riegler/Prof. Sobejano)	Entwurf III (Prof. Götz/Prof. Vassal)	Entwurf III (Prof. Götz/Prof. Vassal)
Grundlagen des Entwerfens I (Vorlesung Prof. Sobejano)	Grundlagen des Entwerfens II (Vorlesung Prof. Sobejano)	Gebäudelehre (Vorlesung Prof. Riegler)	Städtebau und Stadterneuerung (Vorlesung Prof. Vassal)

Darstellungstechnik 01

Darstellende Geometrie (Prof. Cousin)	CAD I (LB Steiner)	Zeichnen (LS Prof. Ranner)	CAD II (LB Steiner)
			Grafik (LS Prof. Ranner)

Konstruktion und Technologie 01   Konstruktion und Technologie 02

Baukonstruktion I (Prof. Dr. Palz)	Gebäudetechnik I (Prof. Dr. Nytsch-Geusen)	Tragwerkslehre II (Prof. Dr. Gengnagel)	Baukonstruktion II (Prof. Dr. Palz)
Tragwerkslehre I (Prof. Dr. Gengnagel)			Gebäudetechnik II (Prof. Dr. Nytsch-Geusen)

Theorie und Geschichte 01   Theorie und Geschichte 02

Theorie und Geschichte (Prof. Dr. Bollé)		Kunst- und Kulturwissenschaft (Prof. Dr. Hauser)	

Studienjahr **1**   **2**

Büropraktikum	**Projekte 03**		**Bachelorarbeit**
Büropraktikum Praktikumskolloquium	Entwurf IV (Prof. Fuhrimann/Prof. Hächler Prof. Sauerbruch) Gartenkultur und Freiraumentwicklung (Prof. Dr. Schultheiß)	Entwurf V (Prof. Fuhrimann/Prof. Hächler Prof. Sauerbruch) Städtebau und Stadterneuerung (Prof. Fuhrimann/Prof. Hächler)	Bachelorarbeit Kolloquium

Bild und Raum

	Praxis der Gestaltung (Prof. Ranner) Theorien der Gestaltung (Prof. Ranner)		

Konstruktion und Technologie 03

		Tragwerkslehre III (Prof. Dr. Gengnagel) Gebäudetechnik III (Prof. Dr. Nytsch-Geusen) Baukonstruktion III (Prof. Götz)	

Theorie und Geschichte 03

Theorie und Geschichte (Prof. Dr. Bollé, Prof. Dr. Kuhrau) Kunst- und Kulturwissenschaft (Prof. Dr. Hauser)		

Wahlbereich*

Fach I Fach II Fach III	Fach I Fach II Fach III	Fach I Fach II Fach III	Fach I Fach II Fach III

*Die drei erforderlichen Wahlpflichtfächer müssen innerhalb von vier Semster absolviert werden.

Bachelor of Arts Degree program in Architecture
Academic years 1 - 4

Project 01   Project 02

Architectural Design I (Prof. Riegler/Prof. Sobejano) Design Basics I (Lecture Prof. Sobejano)	Architectural Design II (Prof. Riegler/Prof. Sobejano) Design Basics II (Lecture Prof. Sobejano)	Architectural Design III (Prof. Götz/Prof. Vassal) Architectural Typologies (Lecture Prof. Riegler)	Architectural Design III (Prof. Götz/Prof. Vassal) Urban Design (Lecture Prof. Vassal

Representation 01

Descriptive Geometry (Prof. Cousin)	CAD I (Lecturer Steiner)	Drawing (Chair Prof. Ranner)	CAD II (Lecturer Steiner) Graphic (Chair Prof. Ranner)

Construction and Technology 01   Construction and Technology 02

Building Construction I (Prof. Dr. Palz) Structural Design I (Prof. Dr. Gengnagel)	Building Technology I (Prof. Dr. Nytsch-Geusen)	Structural Design II (Prof. Dr. Gengnagel)	Building Construction II (Prof. Dr. Palz) Building Technology II (Prof. Dr. Nytsch-Geusen)

Theory and History 01   Theory and History 02

Architectural Theory and History (Prof. Dr. Bollé)		Art and Cultural Sciences (Prof. Dr. Hauser)	

Academic year **1**   **2**

Internship	Projects 03		Bachelorthesis
Internship Internship colloquium	Architectural Design IV (Prof. Fuhrimann/Prof. Hächler Prof. Sauerbruch) Garden History and Landscape Architecture (Prof. Dr. Schultheiß)	Architectural Design V (Prof. Fuhrimann/Prof. Hächler Prof. Sauerbruch) Urban Planning (Prof. Fuhrimann/Prof. Hächler)	Bachelor thesis Thesis colloquium

Image and Space

	Practice of Fine Arts (Prof. Ranner) Theory of FIne Arts (Prof. Ranner)		

Construction and Technology 03

		Structural Design III (Prof. Dr. Gengnagel) Building TechnologyIII (Prof. Dr. Nytsch-Geusen) Building Construction III (Prof. Götz)	

Theory and History 03

Theory and History (Prof. Dr. Bollé / Prof. Dr.Kuhrau) Art and Cultural Sciences (Prof. Dr. Hauser)			

Compulsory elective*

Course I Course II Course III	Course I Course II Course III	Course I Course II Course III	Course I Course II Course III

*Three mandatory courses have to be accomplished over the period of four semsters.

Studienplan Master of Arts Studiengang Architektur
1.- 2. Studienjahr

Projekt 01	Projekt 02		Masterarbeit
Städtebau / Stadterneuerung / Gebäudeplanung / Landschaftsarchitektur (alle Entwurfslehrstühle)	Vertieferentwurf mit künstlerischem Schwerpunkt		Masterarbeit Kolloquium

Konstruktion und Technologie

Konstruktives Entwerfen (Prof. Dr. Gengnagel) Klimadesign und Energieeffizienz (Prof. Dr. Nytsch-Geusen)			

Theorie und Geschichte

	Theorie und Geschichte (Prof. Dr. Bollé, Prof. Dr. Kuhrau) Kunst- und Kulturwissenschaft (Prof. Dr. Hauser)	Theorie und Geschichte (Prof. Dr. Bollé, Prof. Dr. Kuhrau) Kunst- und Kulturwissenschaft (Prof. Dr. Hauser)	

Wahlbereich*

Fach I Fach II Fach III	Fach I Fach II Fach III	Fach I Fach II Fach III	Fach I Fach II Fach III

*Die drei erforderlichen Wahlpflichtfächer müssen innerhalb von vier Semster absolviert werden.

Studienjahr **1** **2**

Degree program Master of Arts in Architecture
Academic years 1 + 2

Project 01	Projects 02		Masters thesis
Urban Planning / Urban Redevelopment Building Design / Landscape Architecture (all design chairs)	Extended Architectural Design with Artistic Focus		Master thesis Colloquium

Construction and Technology

Structural Design (Prof. Dr. Gengnagel) Climate Design and Energy Efficiency (Prof. Dr. Nytsch-Geusen)			

Theory and History

	Architectural Theory and History (Prof. Dr. Bollé, Prof. Dr. Kuhrau) Art and Cultural Sciences (Prof. Dr. Hauser)	Architectural Theory and History (Prof. Dr. Bollé, Prof. Dr. Kuhrau) Art and Cultural Sciences (Prof. Dr. Hauser)	

Compulsory elective*

Course I Course II Course III	Course I Course II Course III	Course I Course II Course III	Course I Course II Course III

*Three mandatory courses have to be accomplished over the period of four semsters.

Academic Year **1**   **2**

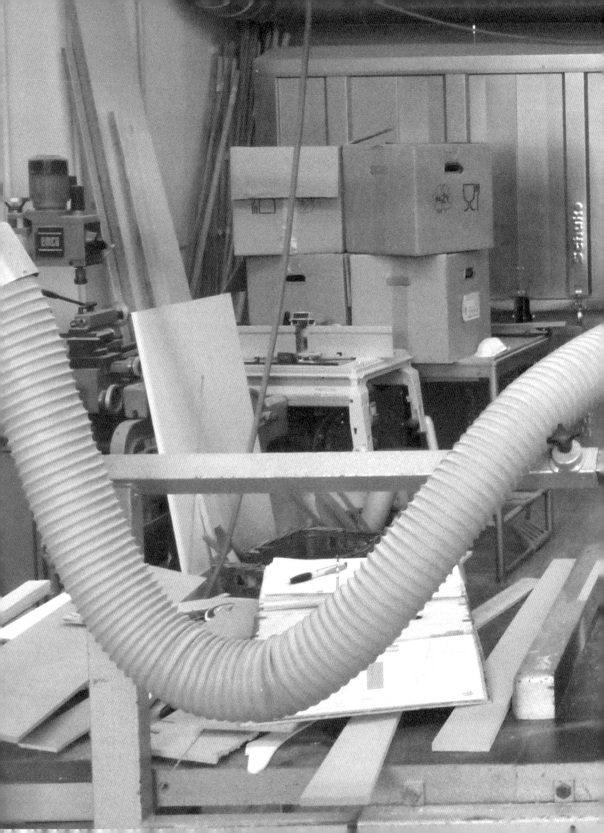

Übersicht der Lehrgebiete
Overview of the Chairs

Das Bild- und Textmaterial der folgenden Seiten dokumentiert die künstlerischen, technologischen und theoretischen Schwerpunkte der einzelnen Fachgebiete. Diese manifestieren sich in Forschung, Lehre, publizistischer Tätigkeit und Ausstellungspraxis. Die Darstellung der individuellen Schwerpunkte war den AutorenInnen unter Einhaltung geringer graphischer Rahmenbedingungen bei gegebener Seitenanzahl freigestellt. Graphische Brüche wurden im Endlayout deshalb nicht korrigiert, sondern stellen den gestalterischen Ausdruck der einzelnen Fachgebiete dar.

The images and texts on the following pages document the artistic, technological and theoretical focal points of the individual chairs manifested through their research, teaching, publications and exhibitions. The way in which each chair chose to present itself was slightly constrained by a layout template and given page count. The variations that emerged from each contribution were not altered in the final layout, attesting to the individual approaches of the different design and research chairs.

Plastische und räumliche Darstellung für Architekten Plastic and Spatial Representation for Architects	Prof. Alexandra Ranner
Entwerfen und Stadterneuerung Design and Urban Redevelopment	Prof. Jean-Philippe Vassal
Entwerfen und Städtebau Architecture and Urban Design	Prof. Gabrielle Hächler Prof. Andreas Fuhrimann
Entwerfen und Baukonstruktion Design and Building Construction	Prof. Bettina Götz
Entwerfen und Baukonstruktion Design and Building Construction	Prof. Florian Riegler
Entwerfen und Baukonstruktion Design and Building Construction	Prof. Juliane Zach
Gebäudeplanung und Entwerfen Building Planning and Design	Prof. Matthias Sauerbruch
Experimentelles Gestalten und Grundlagen des Entwerfens Experimental Forms and Principles of Design	Prof. Enrique Sobejano
Digitales und Experimentelles Entwerfen Digital and Experimental Design	Prof. Dr. Norbert Palz
Konstruktives Entwerfen und Tragwerksplanung Structural Design and Technology	Prof. Dr.-Ing. Christoph Gengnagel
Versorgungsplanung und Versorgungstechnik Building Physics and Building Services Engineering	Prof. Dr.-Ing. Christoph Nytsch-Geusen
Gartenkultur und Freiraumentwicklung Garden Culture and Landscape Architecture	Prof. Dr. Gabriele Schultheiß
Kunst- und Kulturgeschichte Art and Cultural History	Prof. Dr. Susanne Hauser
Architekturgeschichte und Architekturtheorie History and Theory of Architecture	Prof. Dr. Michael Bollé

Plastische und räumliche Darstellung für Architekten
Plastic and Spatial Representation for Architects

Prof. Alexandra Ranner
Künstlerische Mitarbeiterin: Dörte Meyer
Tutoren: Felix Findeiß und Benjamin Bosse

Im Fachbereich Plastische und Räumliche Darstellung im Studiengang Architektur werden ausschließlich künstlerische Strategien und Arbeitsweisen erprobt. Die Studierenden arbeiten mit größtmöglicher Intensität an freien Kunstprojekten und streben ein Ergebnis auf hohem künstlerischen Niveau an.
Kunst im Studiengang Architektur sieht sich nicht in dienender und aufbauender Funktion. Vielmehr vertreten wir das Kunstschaffen in diesem Kontext bewusst als autonome Disziplin. Künstlerisches Schaffen ist ein wesentlicher Katalysator zur Ergründung der persönlichen Motivation - und darauf aufbauend ein Verstärker zur Positionierung des Einzelnen in der Welt.

In the Department of Plastic and Spatial Representation in the Architecture Department at the UdK, we experiment with artistic strategies and working methods. The students work intensely on fine arts projects, striving for results at a high artistic level.
The Art in Architecture program does not see itself as serving an uplifting function. Instead, we aim to consciously teach the production of art within this context as an autonomous discipline. Artistic creation is an essential catalyst for the exploration of personal motivation, subsequently strengthening the positioning of the individual in the world.

„₁₃ Al", Rauminstallation und Video, HD, 8:07 min., A. Ulkowska, D. Sizov, V. Diezinger, E. Czonka, K. Keil, D. Grimm, H. Uca, M. Werner, J. Böttcher, M. Krioukov, J. Meisen, F. Findeiß.
Ein Projekt der Lehrveranstaltung „Raumgrenzen", Winter 2010/11
Installation und video, HD, 8:07 min. A project created in the seminar „Raumgrenzen", Winter 2010/11

„Geb. 65", Videostill, Video, HD, 6:51 min., A. Naumer, F. Wolff. Ein Film der Lehrveranstaltung „Russisch Roulette", Sommer 2011
Video still, Video, HD, 6:51 min. A film produced in the seminar "Russian Roulette", Summer 2011

1   „Hardcore Sandwich Fick", Skulptur und Performance anlässlich des Rundgangs 2011.
     Sagip Aziz und Max Marschall. Ein Projekt der Lehrveranstaltung „Doppelhaus",
     Sommer 2011.
     Sculpture and performance on the occasion of the UdK Open House 2011.
     A project created in the seminar "Double House", Summer 2011.

2, 3 „Der Muthut", Videostills, Video, HD, 9:09 min., Nandini Oehlmann.
     Die Blickscheibe des „Muthuts" ist ein Spionspiegel, in dem man sich im Innern
     selbst permanent ins Angesicht schauen muss, und zugleich ein Fenster,
     welches eben diesen Blick nach außen kehrt. Ein Film der Lehrveranstaltung
     „Russisch Roulette", Sommer, 2011
     Video stills, Video, HD, 9:09 min. The lens of the "Muthut" is a double-sided mirror in
     which one in forced to permanently look within and simultaneously a window
     projecting this view outward. A film produced in the seminar "Russian Roulette",
     Summer 2011.

1

2, 3

1

1   O.T., Modell, Björn Werner; Verknüpfung zwischen einem künstlichen Innenraum und einer realen
     Außensituation. Ein Projekt der Lehrveranstaltung „Platonische Affären", Sommer 2007
     Model; connection between an artificial interior and an actual exterior situation.
     A project created in the seminar "Platonic Affairs", Summer 2007.

2   „Diamant", verschiedene Materialien, Peter Behrbohm, Nikolas von Schwabe. Fiktives
     Innenraummodell eines unzugänglichen Berliner Bunkers. Ein Projekt der Lehrveranstaltung
     „Russisch Roulette", Sommer 2011.
     Diverse materials. The fictive interior of an inaccessible bunker in Berlin.
     A project created in the seminar "Russian Roulette", Summer 2011.

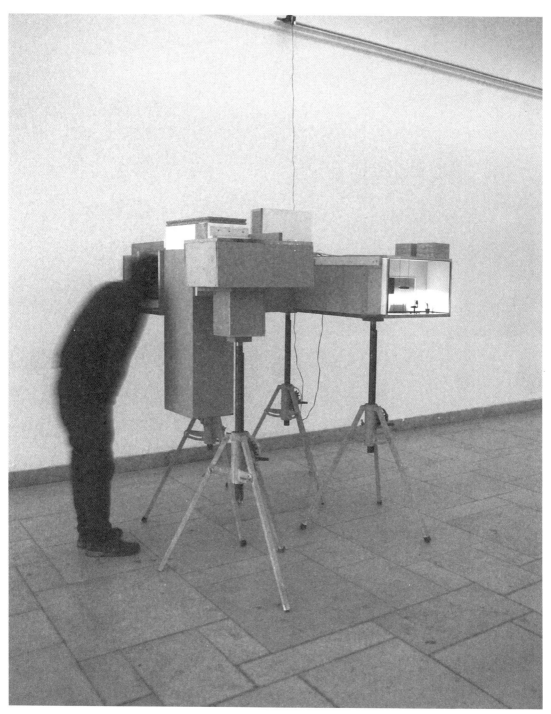

1

2

3

4

1, 2   „Fell", Material: Kunstleder, Klebstoff, Zahnstocher,
       June Hong. Eine Skulptur der Lehrveranstaltung „Suspense,
       Subversion, Silberblick", Winter 2011/12
       Materials: Artificial leather, glue and toothpicks. A sculpture
       created in the course "Suspense, Subversion, Squint",
       Winter 2011/12.

3, 4   „Houses in Motion", Videostills, Installation und Video 39:49
       min., N. v. Lüttichau, B. Miosge, A. Herrmann, E. Woop. Das
       Projekt „Houses in motion" hatte zum Ziel, dass
       ausgehend von einem White Cube ständig neue Räume,
       Situationen und Formen entstehen. Sommer 2007.
       Video stills, Installation and Video 39:49 min. The goal of
       the project „Houses in Motion" was to start with a white
       cube and then create ever-changing spaces, situations and
       forms. Summer 2007.

„Beau Rivage", Videostills, Video, HD, 9:21 min. Katleen Nagel, Bernd Miosge, Gonzalo Fidalgo
Ein Video der Lehrveranstaltung „Suspense, Subversion, Silberblick", Winter 2011/12
Video stills, Video, HD, 9:21 min. A film created in the seminar "Suspense, Subversion, Squint",
Winter 2011/12

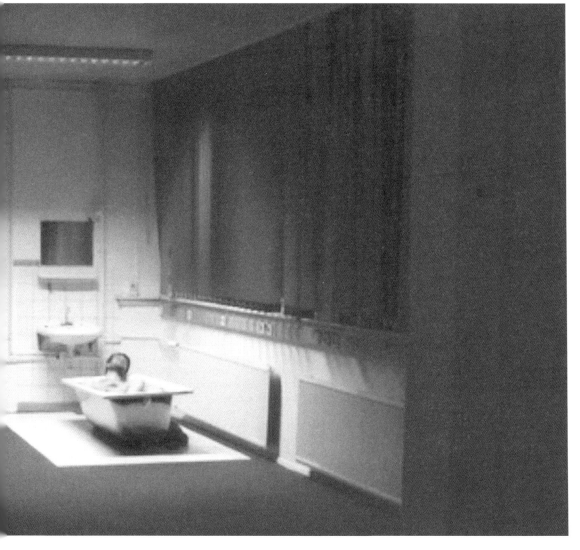

Entwerfen und Stadterneuerung
Design and Urban Redevelopment

Prof. Jean-Philippe Vassal
Gastdozentin: Jeanne-Françoise Fischer
Tutoren: Johannes Arolt, Felix Dechert

Wenn man, wie heutzutage, in bestehende Situationen eingreift, ist es notwendig, im Bestand zu verdichten, ohne vorhandene Qualitäten wie Freiflächen, Naturräume, Wälder, Bausubstanz, Lebensräume zu opfern. Ein zeitgemäßer Umgang mit der Stadt kann nur erfolgen, wenn wir tatsächlich in der Stadt sind und auf ihrem Grund mit dem Vorgefundenen arbeiten. Mit anderen Worten: wenn wir die Dinge von innen heraus betrachten, von innen heraus wahrnehmen.

Die Stadt wird mit Hilfe ihrer kleinsten Einheit entwickelt, dem Raum des Bewohners. Gleichzeitig müssen Lebensqualität, Dichte, Beziehungen, Nachbarschaft, individueller und gemeinschaftlicher Raum in den Entwicklungsprozess integriert werden. Der Schwerpunkt der Entwurfsprojekte liegt daher auf dem Wohnen und dem Verhältnis zwischen individuellem und gemeinschaftlichem Raum, der Qualität des einzelnen Zimmers, einer Wohnung, eines Gebäudes und somit der Stadt.

Die Studenten des Bachelor-Studiengangs entwickeln ihre Projekte ausgehend von situativen Bildern, die gesammelt und entschlüsselt werden. In Grundriss und Schnitt übertragen werden diese schließlich zusammengefügt und in ein Gebäude transformiert. Die Bilder beschreiben Situationen, Räume, Funktionen oder Atmosphären und funktionieren als Instrument der Recherche und Katalysatoren für die Projekte und ihre architektonischen Absichten.

Die Studenten des Hauptstudiums befassen sich zunächst mit einer eingehenden Analyse von bemerkenswerten Wohntypologien in Berlin. Diese werden im Hinblick auf ihre charakteristischen Eigenschaften, klimatische Bedingungen, Ausblicke, Verhältnis zu Umgebung, Stadt, Himmel und Natur untersucht. Eigenheiten werden erkannt, isoliert und in Form von Fragmenten neu zusammengefügt, um eine neue Wohntypologie mit höheren Wohnqualitäten und interessanteren Situationen zu generieren.

Ergänzend behandelt das Seminar Städtebau und Stadterneuerung I Themen der Neugier, der urbanen Dichte sowie der Wahrnehmung von Stadt im Film und kombiniert Vorlesungen mit Übungen.

Today, when one intervenes in an existing situation, it is necessary to reorganize, to expand from the inside, to create density without sacrificing any of the city's potentials like voids, nature, forests, built surfaces, life. A contemporary approach to the city has to be derived from working on the inside, on the ground, and deal with the existing. That is to say: to look at things from the inside out.

We further develop the city by means of the very smallest space. That is, the space of the inhabitant. Simultaneously and inseparably the quality of life, proximity, relationships, neighborhood, individual space and collective space are integrated into this development process. The studio project focuses on the issue of housing. The subject of individual space is dealt with in relation to the collective space, the qualities of a single room, a flat, a building and the city.

The Bachelor students develop a project starting from situational images, which are collected, decoded, transformed into plans and sections, and then finally assembled and transformed into a building. The images explain a situation, a space, a function, an atmosphere. Operating as a research tool and stimulus, they become the impetus for the project and its architectural intentions.

The diploma students consider the question of collective housing starting from an in-depth observation and analysis of some of remarkable existing housing typologies in Berlin, their characteristic features, climatic conditions, views, relation to their surrounding context and the city, sky and nature. Particularities are detected, isolated and finally reassembled and recomposed in order to develop a new typology with higher living qualities and more interesting situations.

The course "City Planning and Renewal I" focuses on issues such as curiosity, urban density, cinematic perceptions of the city through a combination of lectures and exercises.

Exkursion mit Studenten des zweiten Jahres und des Hauptstudium im Botanischen Garten Berlin
Excursion with 2nd year and masters students to the Berlin Botanical Gardens

1

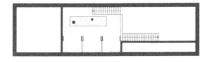

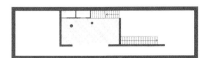  

2

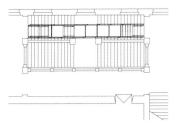 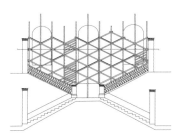

„We don't think enough about staircases. (...) We should learn to live more on staircases. But how?"

Georges Perec

1,2 Im Entwurfskurs des Bachelor-Studiums werden zunächst Raumstimmungen über Bilder gefunden, mit diesen geformt und bearbeitet. Im Anschluß werden diese „Szenen" als Raumfragmente in Grundriss und Schnitt übersetzt. Ihre Abfolge, Überschneidungen, gegenseitige Beeinflussung und die Idee einer Nutzung lassen zum Ende ein Projekt entstehen.
Arbeiten von: Alida von Boch-Galhau, Diane Selma Penrad
In the studio of the Bachelor the atmosphere of a space is first found in images, reworked and reformed. In the next step, these „scenes" are fragmentarily translated into plans and sections. The sequence, intersection, mutual influence and use of the spaces in the end lead to the emergence of a project.

3,4,5,6 In kurzen Filmen und Bildern wird den Beschreibungen der „Invisible Cities" von Italo Calvino nachgegangen
Arbeiten von: Sebastian Maier, Elisa Zielinski, Diane Selma Penrad, Ivy Lee Janet Fiebig
Utilizing the medium of short movies and images, we follow and interpret the descriptions of the „Invisible Cities" by Italo Calvino

  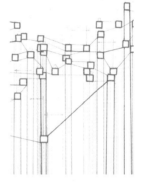 

3 4 5 6

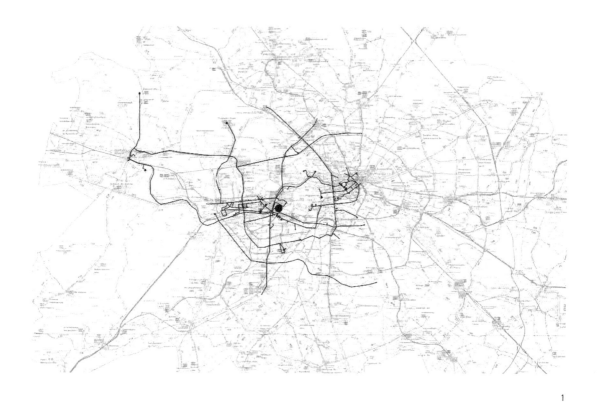

1

3

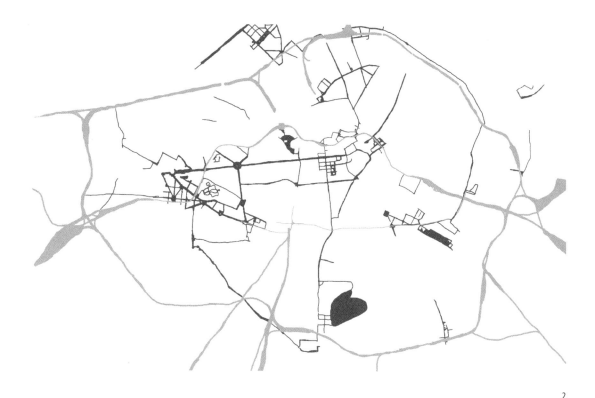

2

4

1,2   Als Einführung in die Themen des Städtebaus erstellen die Studenten Karten, die ihnen bekannte Wege und
      Gegenden Berlins darstellen.
      Arbeiten von: Hyun Woo Jeong, Heike Witte
      As an introduction to the themes of urban planning the students draw maps of known areas and paths
      through Berlin.

3,4   In Filmen werden die Eindrücke und Entdeckungen von Fahrten auf noch unbekannten Strecken durch die Stadt
      beschrieben.
      Short movies highlight impressions and discoveries of a journey on a yet unknown route through the city.

Ein Fokus der Projektarbeit im Hauptstudium liegt auf der genauen Untersuchung der Bewohnerdichte, Infrastruktur, strukturell-räumlichen Organisation, sowie den spezifischen Qualitäten und Atmosphären von Berliner Stadtgebieten und Wohntypologien
Arbeiten von: Nahoko Ozawa, António Faria/Marisa A. da Fonte Oliveira/Tiago Ascensao, Simon Gysel, Julie Studer/Anja Fritz, Clemens Vogel

The work of the master class focuses on investigating Berlin housing typologies with regards to the subjects of density, infrastructure, structural and spatial organization, as well as the specific qualities and atmospheres of different residential areas in Berlin.

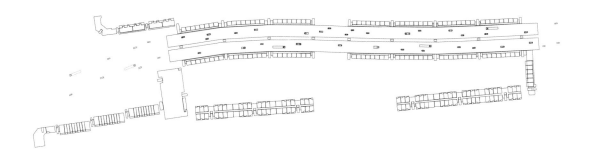

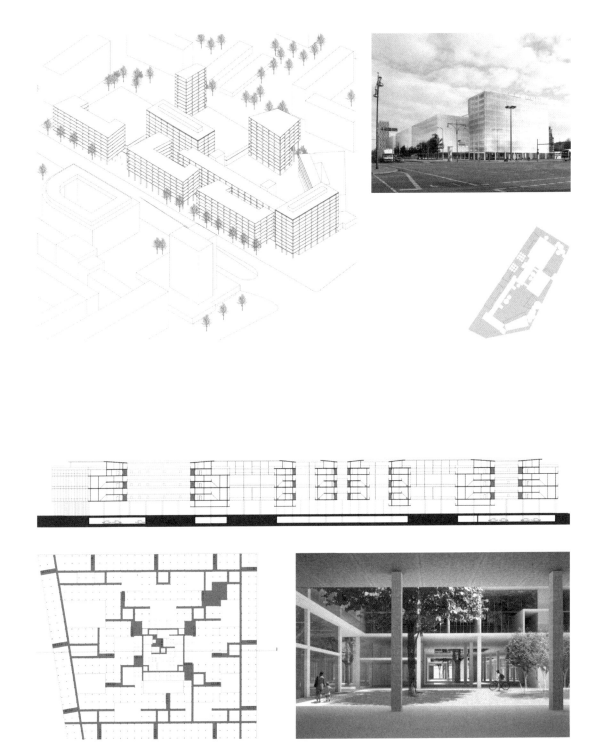

Aus den voran gegangenen Untersuchung entstehen im Hauptstudium Projekte für den Wohnungsbau in der Stadt, die sich Themen der Dichte, flexibler Nutzung, in des städtischen Landschaftsraums und dem gemeinschaftlichen, urbanen Wohnen widmen.
Projekte von: Nikolas von Schwabe/Julian Pommer, Susie Ryu, Amandine Descamps

Following the research phase, the students' projects deal with the subjects of density, flexibility of use, urban green space and collective urban life.

Entwerfen und Städtebau
Architecture and Urban Design

Prof. Gabrielle Hächler
Prof. Andreas Fuhrimann
Wissenschaftlicher Mitarbeiter: Bernd Jaeger
Tutoren: Henriette Lütcke, Peter Wohlwender

Da wir uns an einer Kunstschule befinden, möchten wir uns vertieft dem ästhetisch-philosophischen Transfer zwischen den Disziplinen, also zwischen Architektur, Städtebau, Landschaftsarchitektur und künstlerischer Intervention auseinandersetzen. Insbesondere die komplexe Bearbeitung des abstrakten Begriffs „Raum" steht im Zentrum, um eine von Sinn und Sinnen geprägte Architektur zu erzeugen, die sich durch Lebensnähe auszeichnet. Der Umgang mit Komplexität muss geübt werden. Komplexe Bedingungen der Architektur müssen dabei in eine „einfache" Form gebracht werden, die letztlich den Bedürfnissen der Bewohner folgen und das Leben vereinfachen. Wir möchten ein kulturelles Bewusstsein anstoßen, das Architektur einerseits als Handwerk, andererseits als Erkenntnisinstrument versteht. Den Fokus legen wir auf das „Warum Räume eine bestimmte Gestalt haben" und weniger auf das „Wie Details konstruiert werden". Das Studio „Werkstoff Raum" widmet sich während der zeitlich beschränkten Professur an der UdK vor allem dem Berliner Städtebau. Dabei werden z.B. auch die in den letzten 20 Jahren entstandenen informellen kulturellen Brennpunkte als städtebauliche Katalysatoren untersucht.

In fact this is first of all a school of art, we seek to deepen the aesthetic and philosophical exchange between the disciplines, that are architecture, urban design, landscape architecture and art intervention.
The analysis of the abstract term "space" is particularly important to us. Our findings will help to create architecture that is characterised by sense and sensuality and distinguished by its proximity of life.
We have to practise how to deal with complexity. Sophisticated architecture has to be expressed in simple shapes to eventually benefit the resident's needs and simplify their lives.
We aim to enable cultural consciousness that considers architecture both as a craft and a device for perception.
We would like to focus on why spaces take on certain shapes rather than to elaborate on the intentional design of details.
Design studio "Werkstoff Raum" will attend to urban design in Berlin during the temporary professorship at UdK.
Recently accumulated information concerning cultural hotspots as catalysts of urban planning will certainly be of special interest.

Projekt-Zwischenkritik mit den Gästen Prof. Regula Lüscher und Christoph Schmidt
Project interim review with guests Regula Lüscher and Christoph Schmidt

1

2

1   Zu Beginn des Semesters erhalten die Studenten eine Broschüre mit
    Informationen zu Aufgabe, Raumkonzepten und relevanten Texten
    When term starts, students get a brochure full of information about their
    project, spatial concepts and relevant text material

2   Die Auseinandersetzung mit dem Ort steht am Anfang:
    Exkursion mit der Entwurfsgruppe nach Danzig
    Examination of the place is first on schedule:
    field trip with the project's group to Gdansk

3   Für die Entwurfsprojekte fertigen die Studenten Stadtmodelle an:
    Holzmodell von Danzig 1:500
    For their design projects, students build city models:
    wooden model of Gdansk 1:500

3

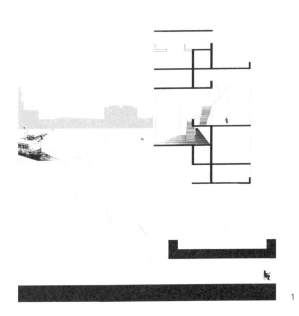

Projekte von
projects by

1   Stephanie Kuhlmann
2,3   Miriam Völcker
4   Boris Fillon
5,7   Stefan Jos
6   Martina Küng
8   Fabian Brockhage

1

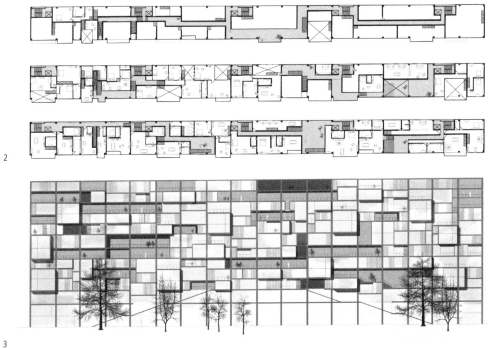

2

3

Ein Vertikales Dorf an der Spree

Für ein Grundstück an der Holzmarktstraße in Berlin entwickelten die Studenten ein „vertikales Dorf", bei dem soziale und räumliche Aspekte einer Dorfstruktur in eine komplexe Hochhaus-struktur überführt werden. Erschließung, private Außenräume, urbane Landwirtschaft, Gemein-schaftsflächen, das Nebeneinander von Arbeiten und Wohnen und nicht zuletzt Wohnräume mit hoher Qualität sollen am Ende ein dichtes kohärentes Gefüge als Erweiterung unseres urbanen Lebensraumes ergeben. Die Herausforderung liegt vor allem in der Übersetzung des organisch Gewachsenen einer Dorfstruktur in eine effizient zu organisierende räumliche Komplexität eines vertikalen Dorfes. Wohneinheiten sind flächensparend und somit kostensparend anzuordnen und zu erschließen, ohne dass dabei eine repetitive monotone Gesamtform entsteht. Mit dem Kon-zept eines vertikalen Dorfs wird auch das Wechselspiel zwischen Individualität und Gemeinschaft architektonisch ausgedrückt. Vertikale Baustrukturen werden zu einem sozialen Gestaltungsmit-tel, das eine einkommens-, aber auch altersmäßige Durchmischung anstrebt, um eine dörfliche Gemeinschaft nachzuempfinden und so der Anonymisierung und Verslumung entgegenzuwirken.

A Vertical Village at river spree

Our students designed a "vertical village" on a site at Holzmarktstraße in Berlin, where social and spatial aspects of a village-like structure are transferred into the complex structure of a high-rise building. As a result of site planning, private outdoor-spaces, urban agriculture, com-munity places, the coexistence of working and living environments and not at least high quality living space eventually coherent structures to enrich the urban environment should emerge. The challenge is to transform the structure of a village, which is organically grown, into the spatial complexity of a vertical village with efficient organisation. Units have to be arranged in order to save space and thus to save money. They have to be organised without creating a repetitive and monotone entity. The concept of a vertical village also depicts the relation between the individual and the community through architecture. Vertical building structures become a social agent of design to increase social diversity by correcting demographical disparities of age and income, to create a village-like community that opposes depersonalisation and degeneration into slums.

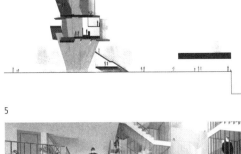

4

5

6

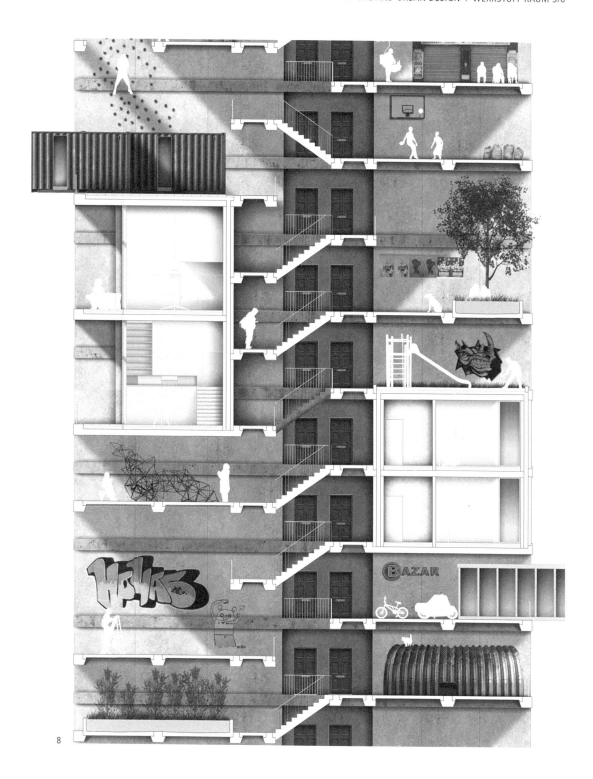

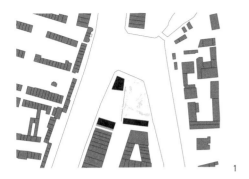

1

2

3

4

5

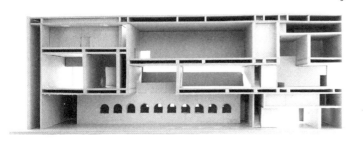

6

Kunstmuseum Danzig

Mit dem Entwurf eines Museums für zeitgenössische Kunst thematisieren wir die Rolle des Museums in der heutigen Gesellschaft sowie die städtebauliche und kulturelle Bedeutung des Museums in einer Stadt. Neben der Ermöglichung der kontemplativen Kunstbetrachtung sollte das Museum heute ein Forum sein, das durch geeignete Räumlichkeiten sowohl die Auseinandersetzung mit der Vergangenheit als auch die Diskussion in der Gegenwart anregt und fördert. Das Museum als Abbild einer gesellschaftlichen Realität, als Ort der Reflektion und des intellektuellen Austauschs spiegelt das kulturelle Leben einer Stadt, woraus sich unter anderem das kulturelle Bewusstsein einer Bevölkerung nährt.

Danzig ist ein Ort, an dem wie selten sonst deutlich wird, dass eine Stadt eine immer wieder zerrissene historische Kette ist. All die Unterbrechungen, Kehrtwendungen, Umbrüche, Revolutionen und Zerstörungen sollen durch ein schöpferisches Verständnis in eine Architektur überführt werden, die nicht nur Fortbestand und Erzählung ist, sondern die Gegensätze in den Vordergrund stellt und die Geschichte mit dem Alltag von heute konfrontiert.

Gdansk Art Museum

By designing a museum of contemporary art, we emphasise the meaning of museums for today's society as well as their significance for urban design and culture in a city. In addition to provide contemplative perspective on art, a modern museum should be a forum, which enables and supports debates about the past as well as discussions of the present within an appropriate ambiance.

The Museum is an image of social reality, a place for reflection and intellectual exchange that mirrors the cultural activity of a city, which furthermore nourishes the cultural consciousness of its people.

Gdansk is a place, which uniquely illustrates that a city is but a disrupted historical chain. All interruptions, turning points, radical changes, revolutions and destructions shall (by means of creative comprehension) establish an architecture, which does not only consist of continuity and narrative, but in underlining contradictions and frequently confronting history with present age.

7

Projekte von
Projects by

1,2 Karl Naraghi
3,4 Camille Bourgeois
5,6 Jan Thoelen
7   Takuto Ihara

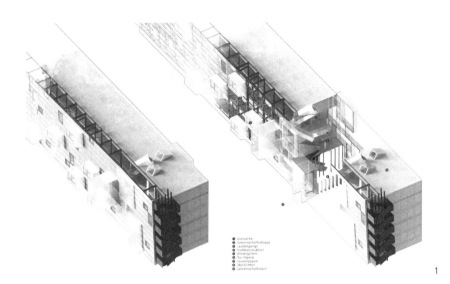

Projekte von
Projects by

1   David Stoeger
2   Henriette Lütcke
3   Silvia Gioberti

1

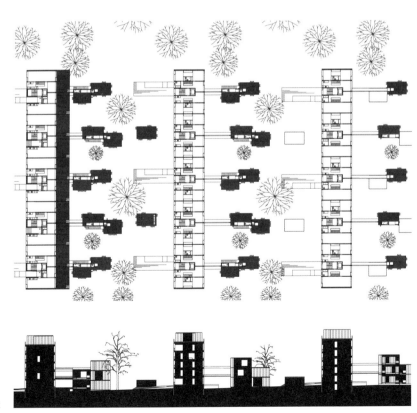

2

Der Raum dazwischen

Das Projekt untersucht das Potenzial und die Defizite einer Plattenbausiedlung im Prenzlauer Berg und reflektiert dabei auch die kulturellen und ideologischen Hintergründe. Die derzeit schwach genutzten Außenräume sind Beispiele, wie öffentlicher Raum sozusagen verschwendet und verschenkt wird, ungenutzt bleibt und keine dem Menschen adäquate Räumlichkeit anbietet. Die Plattenbauten selbst entsprechen nicht mehr den aktuellen Wohnstandards.

Es werden Strategien entwickelt, wie die Außenräume durch sinnvolle Interventionen zu einer Steigerung der Wohnqualität beitragen können. Dies geschieht durch Nachverdichtung, bauliche Veränderungen am Gebäudebestand oder freiraumplanerische Konzepte. Die DDR-Typenbauten werden mit ökonomisch vertretbaren Mitteln den heutigen Wohnstandards angepasst, wobei die monotone, repetitive Anlage in ein komplexeres Ineinandergreifen von öffentlichen, halböffentlichen und privaten Räumen übersetzt wird. Die Grundrisse erfahren eine Aufwertung in räumlicher und funktionaler Hinsicht und ermöglichen in ihrer Differenzierung heutige und zukünftige Lebensentwürfe bedienen zu können.

The Space in between

The project is supposed to evaluate both benefits and disadvantages of a plattenbau-project in Prenzlauer Berg, taking cultural and ideological aspects into account.

The poorly used areas pinpoint how a lot of potential public space is wasted and therefore not offering adequate ambiance to anyone. The plattenbauten in particular do not satisfy modern living standards.

New strategies will be designed for the public space to suit living space reasonably and contribute to the quality of housing.

This will be accomplished by either reinforcing the density of the area, by structural alteration of the building stock or by applying open space concepts. We shall adapt modern living-standards to common plattenbau-designs from East Germany in a reasonable economic manner by translating the monotone and repetitive block into a complex unit of public, semi-public and private space.

Floor plans will be improved in respect of spatial arrangement and functionality and by their inherent differentiation being able to adjust to modern and future concepts of living.

3

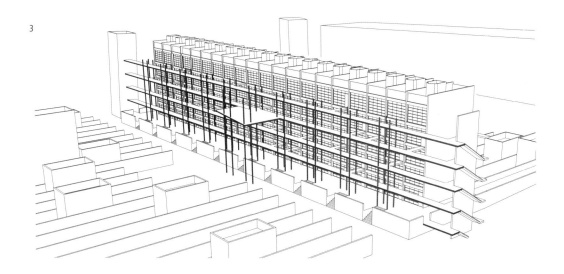

Entwerfen und Baukonstruktion
Design and Building Construction

Prof. Bettina Götz
Wissenschaftliche Mitarbeiter: Frank Schönert,
Oliver von Spreckelsen
Tutoren: Lukas König, Olga Weber

Man kann sagen die Konstruktion ist die Anatomie der Architektur, wobei unter Konstruktion nicht nur die Statik - also der Knochenbau - sondern das gesamte Innenleben zu verstehen ist. Wenn die Organisation der einzelnen Bausteine: also Material (Knochen) und Haustechnik (Nerven), mit dem angestrebten Programm zum Einklang gebracht werden kann, entsteht „Seele" – also Architektur.

One could say that the building's structure is the anatomy of architecture, whereby in this context structure refers not only to the load-bearing system, but also to the inner workings as a whole. When the of the individual building blocks – in other words, material (skeleton) and building services (nerves) – harmonize with the intended program, the "soul" is created, or, to put it differently, architecture.

ABSTRACT CITY: WOHNEN MORGEN? In Zusammenarbeit mit der Senatsbaudirektorin von Berlin, Prof. Regula Lüscher
ABSTRACT CITY: LIVING TOMORROW? In cooperation with Prof. Regula Lüscher, Senate Building Director of Berlin

Baukonstruktion - „Haut und Knochen"
Anhand jährlich wechselnder thematischer Schwerpunkte
werden Aufbau und Entwicklung der Gebäudekomponenten als
integraler Bestandteil des architektonischen Entwurfes seziert:
Das Material definiert die Erscheinungsform, das baukonstruktive Detail ist Teil des architektonischen Konzepts.
Im Wechsel mit den Vorlesungen finden geführte 1:1 Baustellenbesichtigungen in Berlin statt.
Wesentliche Architekturprojekte werden von den Studierenden
analysiert und als Modell gebaut.

Building Construction – "Skin and Bones"
In connection with annual themes, the students dissect the tec-
tonics and development of the building components as integral
components of the architectural design:
the material determines the outward form, the structural detail
is part of the architectural concept.
The lectures are are alternated with visits to building sites in
Berlin.
Students analyze important architecture projects and built
models of them.

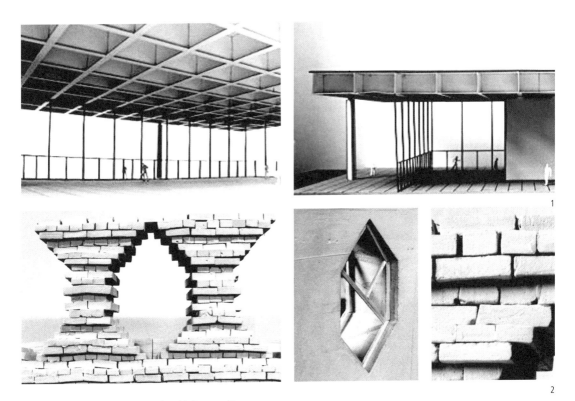

1

2

Weitere Modelle im Archiv / Additional models in our archive

Richards Medical Research Building, Louis Kahn. Plant Unifor, Mangiarotti. Eames House, Eames. Schindler House, Schindler. Haus Melnikov, Melni-
kov. Farnsworth House, Mies van der Rohe. Pavillon der Skandinavischen Länder, Venedig, Sverre Fehn. Schulhaus Zürich, Christian Kerez. Le Centre
Pompidou, Renzo Piano. Velodrom Berlin, Dominique Perrault. Paper Dome, Shigeru Ban. Gummibandweberei in Gossau, Heinrich Danzeisen, Hans
Voser. Neue Nationalgalerie, Ludwig Mies van der Rohe. Sendai-Mediathek, Toyo Ito. Jahrhunderthalle, Max Berg. KAIT Workshop, Junya Ishigam.
Notre Dame du Haut de Ronchamp, Le Corbusier. Auditorium in Leon, Mansilla + tunon Achitectos.

1   Neue Nationalgalerie: Ludwig Mies van der Rohe, 1968. Studenten: Reto Assisi, Jacob Fischer
2   Das Haus von Melnikov: Melnikov, 1927-29. Studenten: Elena Eist, Anastasia Becker, Julie Struder, Anja Fritz, Katharina Wolf

3

4

Weitere Baustellenbesichtigungen / Additional visits to building sites

Galeriehaus Sammlung Heiner Bastian, Chipperfield Architects. Estradenhäuser, Popp.Planungen. Wohn- und Geschäftshaus, Grüntuch Ernst Architekten. Palast der Republik, Heinz Grafunder. 2006 Townhouse, MP2 Architekten. Neue Philologische Bibliothek der FU, Foster & Partners. Neubau Lesesaal der Staatsbibliothek, HG Merz. Gartenlaube MiLa, Hütten & Paläste Architekten. Wohnhaus Gormannstraße, Hoyer Schindler/Hirschmueller. Haus Grahl, plus4930 Architektur. Wohnhaus, Kaden & Klingbeil Architekten. Wohnhaus, ZanderrothArchitekten. Upper Eastside Berlin, GMP. Elisabethkirchstr., Schlosser Architekten. Bernauerstrasse 5, XTH- Architekten. James-Hobrecht-Strasse, Robert Neun. Am Schlossplatz, Adolf Krischanitz. L40, Bundschuh Architekten. Neubau des Mauerdokumentationszentrum, Mola-Winkelmüller Architekten. Modezentrum Berlin, HHf Architekten. Topographie des Terrors, Heinle, Wischer und Partner Freie Architekten. Wohnbau, BARarchitekten. Wohnbebauung Martashof, Grüntuch Ernst Architekten. Gemeinschaftsschule Anna Seghers, AFF-Architekten. Zentralbibliothek Friedrichshain-Kreuzberg, Peter W. Schmidt. Baugruppenprojekt, Heide & von Beckerath. Baugruppe Zeltzerstraße, Zanderroth Architekten. Abgeordnetenhaus Deutscher Bundestag, Lieb und Lieb Architekten. Schulsporthalle Britz, Augustin & Frank Architekten. Zoofenster, Mäckler Architekten. Ludwig-Hoffmann-Schule, AFF Architekten. JOH3 Apartmenthaus, J. Meyer H. Architects. EGW - Erweiterung Wilmersdorf, Zoom Architekten. Doppelsporthalle, Haberland Architekten. AD 41, Zanderroth Architekten. Erweiterungsbau des Jüdischen Museums, Liebeskind Architekten. R50 Wohnprojekt, IFAU Architekten. Quartiersporthalle, Plus4930 Architekten. etc.

3   Erweiterungsbau der Staatsoper Unter den Linden, hg merz Architekten
4   Bikini - Haus, Karl Ernst Consultants - Arne Quinze

Plan Stand SoSe 12: Bearbeitete Begriffe:
Straßen, Building Education, Topographie, Urbanes Hausen,
Leisure, Labour, Wie Weiterbauen, Wohnen Morgen

Planning Status Spring Semester 12: Terms Addressed:
Streets, Building Education, Topography, Urbanes Hausen, Leisure, Labour, Building in the Existing Fabric, Living Tomorrow

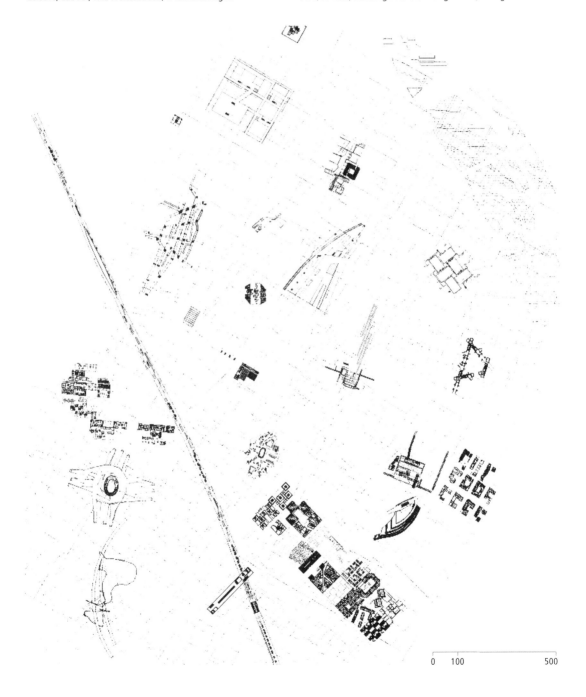

0   100   500

Wie Weiterbauen, Bachelor, WS 2011 - 2012

Entwurfslehre

Was uns hinsichtlich einer abstrakten Beschäftigung mit Architektur- also zum Beispiel der Lehre- besonders interessiert, ist der Zusammenhang zwischen programmatischem Inhalt und der dadurch erzeugten architektonischen Erscheinungsform.
Immer noch glauben wir, dass neue Architektur nur durch neue Inhalte entstehen kann.
Daher ist für uns die Erarbeitung eines spezifischen (Raum-)Programms geradezu die Voraussetzung für eine architektonische Weiterbearbeitung: Abstract City. Jedes Semester ist ein abstrakter Begriff – der in Beziehung zum Thema „Stadt" gedacht werden soll – konkretes Entwurfsthema.
Alle Begriffsbearbeitungen werden über die Semester addiert und fügen sich zu einer neuartigen, unvorhersagbaren Struktur. Die inhaltliche Definition des jeweiligen Begriffes ist der erste Entwurfsschritt.
Um die Programmentwicklung zu unterstützen, haben wir das Format der „Abstract City" Konferenzen etabliert. Es soll den Entwerfenden im Studio den notwendigen theoretischen Hintergrund vermitteln, aber auch konkrete Inspiration für die Entwurfsarbeit liefern.

Design studio
What interests me about engaging with architecture abstractly – for example, in my teaching – is the relationship between programmatic content and the incipient outward architectural form.
I continue to believe that new architecture can only come into existence through new contents.
That is why developing a specific program is in my view a pre-requisite to developing an architectural concept: Abstract City. Each semester an abstract term – which is to be conceived of in relationship to the city – is the theme for a concrete design problem.
Over the course of the semester, all of the schemes addressing the theme are brought together and assembled as one novel, unpredictable structure.
Defining the term is the first step in the design process.
To support the efforts to develop concepts for programs we initiated the Abstract City conferences. The intention is to communicate the necessary theoretical background, but also to provide inspiration for the design work.

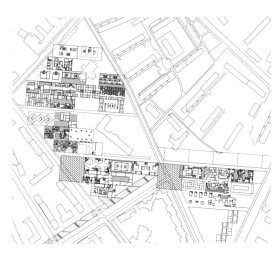

Was bedeutet „Wohnen"
2012?
Wie groß muss eine Wohnung
sein, welche Struktur muß sie
haben?
Wie flexibel muß sie sein und
wie wird sie zukunftsfähig?
„Nur eine große Wohnung ist
eine schöne Wohnung", sagt
Jean Nouvel. Aber was genau
macht eine Wohnung groß?

What significance do the
terms "living" and "dwelling"
have in 2012?
Which size and structures are
required?
How flexible must they be to
meet future challenges?
According to Jean Nouvel,
"Only a large apartment is a
good apartment." But how do
we define a large apartment?

0   100   500

Diplom Master

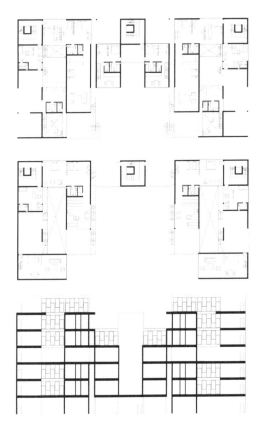

Rika Yuasa

0   25

Wohnen Morgen

Die Behausungsfrage ist wohl die älteste und wesentlichste Architekturfrage überhaupt. Verblüffenderweise haben Änderungen der Familien- und Lebensstrukturen, ein stetig wachsender Anteil älterer Menschen und vor allem die Verwischung der Grenzen zwischen Wohnen und Arbeiten durch die neuen digitalen Möglichkeiten noch keine spürbaren Auswirkungen in der gebauten Wohnwirklichkeit hinterlassen.

Eine Maximalkubatur von 50m Breite x 25m Tiefe und 12,5 m (Bachelor) bzw 25m (Master) Höhe steht als abstrakter „Baublock" zur Verfügung, der soweit ausgehöhlt wird, bis eine sinnvoll erschlossene, gut belichtete und qualitätvoll bewohnbare Struktur übrig bleibt. Es sind 1.500 m² (bzw 3000m²) Bruttogrundfläche zu erreichen. Belichtungen sind nur ins Innere des Blocks zulässig.

Living Tomorrow

Housing is arguably architecture's most enduring and fundamental theme. Astonishingly, demographic changes – such as evolving family structures and "designs for living", rising population in older age groups, and, above all, the blurring of the boundaries between "living" and "working"– have not yet been manifest noticeably in our habitats.

Students work with a building massing measuring a maximum of 50 x 25 x 12.5 meters (for students in the master's desgree program: 50 x 25 x 25 meters). They carve it out to as great a degree necessary to obtain a habitable structure with good daylight conditions and accessibility. A gross floor area of 1,500 square meters (3,000 square meters for students in the master's degree program) is required, while openings are only admissible inside the "block".

Bachelor

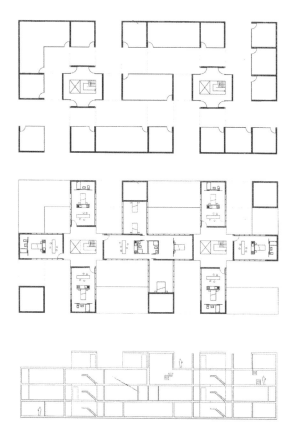

Ashkan Cheheltan

0   25

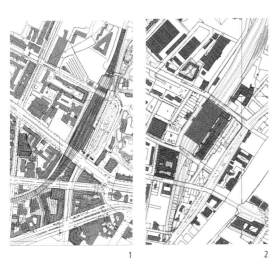

1

2

Wie kann ein Hotel selbstver-
ständlicher Bestandteil einer
Stadtstruktur werden?
Wie autonom bzw. wie elas-
tisch kann eine solche Struktur sein?
Welche Synergien sind sinnvoll?
Wie gewährleistet eine der-
artige Nutzung Zukunftsfä-
higkeit ?

What does it take to make a
hotel a well-ingetrated part of
the city?
How autonomous and flexible
must such a structure be?
Which programmatic syner-
gies can be utilized?
Which programs are sustainable?

0   500

1   Zoologischer Garten
2   Ostbahnhof

Diplom Master

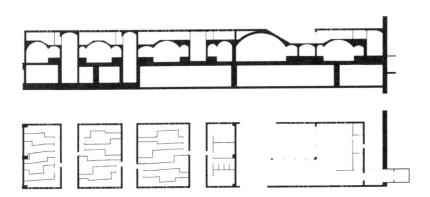

Joost Wilms

0   25

Das Unsichtbare Hotel

So beliebt das Reisen an sich, so verpönt ist es, als Tourist erkannt zu werden. Erkennbar wird der Tourist, sobald er (s)ein Hotel betritt. Authentizität ist das Gebot der Stunde, unauffälliger, integrativer Bestandteil der bereisten Kultur möchten wir sein.

Exemplarisch werden an den zentralen Ankunftsstellen Bahnhof Zoo (Bachelor, 3. Sem.) und dem Berliner Ostbahnhof (Master, Diplomstudium) „unsichtbare" Einzelunterkünfte beziehungsweise Wohnadressen eingefügt. Dabei sollen Festlegungen zum notwendigen Bedarf an Standard und Flächenbedarf der Unterkünfte durch zusätzliche öffentliche Angebote an den öffentlichen Raum kompensiert werden.

Unseen Hotels

While travelling continues to be a popular activity, no one wants to be considered a tourist. Tourists can be "found out" upon entering their hotels. A traveller's search for authenticity and desire to become immersed in a destination's culture are common patterns of behavior.

Unseen temporary accommodations are inserted at two train stations, major points of arrival in Berlin: Bahnhof Zoo (bachelor's degree program, 3rd semester) and Ostbahnhof (master's degree program). Dealing with private utilization of space in the public domain and negotiating the balance between personal conveniences and programmatic synergies are the key issues of this design problem.

Bachelor

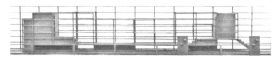

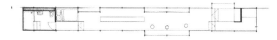

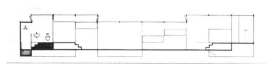

Bruno Torres

0   5

London   02. - 05.06.2010
Programm
Führung Idea Store Whitechapel, Elektra House, Blizard Building,
Hoxton Square / White Cube, Rivington Place, Dirty House,
Zaha Hadid Office, Barbican Center, St. Pauls Cathedral,
One new change, Lloyds of London, The Gherkin
Bootsfahrt nach Greenwich, Queen's House und Royal Naval College,
Führung Laban Center, Führung Robin Hood Gardens,
Balfron Tower & Carradale House,
St. John on Bethnal Green - Church of England,
V&A Museum of Childhood, Caruso St John Office, Studio House,
Blue House, Keeling House, Apartment Tower with maisonettes
The Economist Building, Odhams Walk, Sir John Soane's Museum,
British Museum, Lunch Bar Italia, Immagination Headquarter,
AA Bookstore, Brunswick Center, RIBA, 66 Portland Place,
London W1B 1AD, Royal College of Physicians, Lisson Gallery,
Lords Media Center, Tate Modern
Trellick Tower, Alexandra Road Estate,
Lunch & Führung Camden Art Center mit Tony Fretton, Goldfinger House,
Isokon Flats, Highpoint I + II,
Sainsburys Supermarket Camden, Portobello Market Map

Moskau   01. - 05.06.2011
Programm:
Metrostation Kropotkinskaya, Christ-Erlöser-Kathedrale,
Uliza Ostozhenka, Strelka Institute
Wohngebäude der Regierung Dom na Nabereschnoi,
Lenin-Bibliothek, Moskauer Architekturmuseum, Uliza Mochowaja,
Kreml, Roter Platz, Historisches Museum, Basilius Kathedrale, Lenin-
Mausoleum, Kaufhaus GUM, Metrostation Ploschtschad Revoljuzii,
Lubjanka, KGB-Zentrale
Gosplan-Garage, Mossowetgarage, Klub Rusakow, Klub Burewestnik
Bürobesichtigung buromoscow, WDNCh,
Zentrum für zeitgenössische Kunst „Garage", Inturist-Parkhaus, Klub
Svoboda, Stadion Dynamo, Begowaja, Klub Zuew
Haus Melnikow, Führung, Moskau-City, Metrostation Krasnye Worota
Büro und Wohnhochhaus Krasnye Worota, Narkomsem-Gebäude,
Gostorg-Gebäude, Zentrosojus-Gebäude, Metrostation Komsomolskaja,
Jaroslawer Bahnhof, Kazaner Bahnhof,
Hotel Leningradskaja
Radioturm, Kommunenhaus Schabolowka, Lomonossow-Universität,
Jungfrauenkloster und Friedhof, Klub Kautschuk

Belgien   07. - 10.06.2012
Programm
Woluwé - U.C.L. . la MéMé: Führung durch Atelier Kroll,
Palais Stoclet, WET89, Bronks Youth Theatre,
Art Center for children: Führung durch Gerhard Jäger - artistic director
Bürobesichtigung 51N4E, Savonnerie Heymans
Fahrt nach Mons
Bloemenwerf,
Führung durch Pierre Hebbelinck: Mac's Musée,
DOA - Dépôt des Oeuvres d'Arts, Le Manège
Rückfahrt nach Brüssel
Kerzelare Chapel, Hollainhof, Universitätsforum (UFO),
Les Ballets C de la B & LO D, Sint Lucas Kunsthochschule,
Verzameld Werk
Fahrt nach Antwerpen
De Singel - Kunstzentrum, Maison Guiette, Middelheim Park
Schermenhuis Bourla, MAS | Museum aan de Stroom,
Spoor Noord Park
Fahrt nach Neviges
Velbert, Wallfahrtskapelle Neviges
Fahrt nach Berlin

Exkursionen / Excursions

Köln und Essen 07 | 08, Wien 08, Venedig 08 | 09, Hamburg 09 | 10, London 10, Südtirol 10 | 11, Moskau 11, Istanbul 11 | 12,
Belgien 12, Italien 12 | 13, Wien und Burgenland 13

Entwerfen und Baukonstruktion
Design and Building Construction

Prof. Florian Riegler
Wissenschaftliche Mitarbeiter: Eveline Jürgens,
Karoline Markus
Tutoren: Dalia Butvidaite, Leonard Steidle

Unsere Lehrtätigkeit an der UdK ist zum größten Teil im Bachelorbereich angesiedelt. Wir sehen daher unsere Aufgabe in erster Linie darin, die Studierenden an die Sprachlichkeit der Architektur heran zu führen. Letztendlich spricht Architektur über das Leben. Wir wollen Architektur machen für ein Leben, wie wir es uns vorstellen. Ein Leben möglichst ohne Vorurteile, ohne Vorurteile gegen Andersartiges, gegen Unbekanntes. Räumliches Gestalten ist überall möglich, auch unter widrigen Umständen. Und es gibt kein Material und keine Konstruktionsart, die nicht eingesetzt werden könnte.

Ein Leben mit möglichst hoher Sinnlichkeit. Damit sind wir gegen Dogmen, Moden und sonstige Allüren gesichert.

Ein Leben mit möglichst hohem Wissen über die Verhältnisse, die unsere Existenz bestimmen. Dabei sind die geschichtlichen Reflexionen nicht ausgeschlossen. Alles Vergangene wird somit gegenwärtig. Staunen, Begreifen und Lernen ist das erklärte Ziel.

So werden in den ersten beiden Semestern bekannte Raumsituationen auf ihren kulturgeschichtlichen Hintergrund untersucht, ihre zugrundeliegenden Gesetzmäßigkeiten analysiert und in einem weiteren Schritt ergänzt und verändert und einer aktuellen Bedeutung zugeführt.

In den Entwurfsgruppen der höheren Semester werden sehr konkrete Aufgaben gestellt. In Vorbereitung auf die professionelle Arbeit an der Architektur sollen in den Projekten möglichst viele Aspekte der Einflussnahme aufgezeigt und vor allem in Hinblick auf die aktuellen Anforderungen neue Wege eingeschlagen werden.

Because we are mainly teaching in the Bachelor programme we see our task first of all in enabling the students to understand the language of architecture. Architecture is essentially talking about life as such. We would like to make architecture for a life as we understand it. A life with as little prejudices as possible, prejudices against differences, against the unknown. Even under difficult circumstances it is possible to create spaces. And there is no material, no type of construction that could not be used.

A life with a high degree of sensuality. This is how we can protect ourselves from dogma, trends and other caprices.

A life with as much knowledge as possible about the conditions that determine our existence. In this context we do not exclude historical relections either, the past becomes part of our current existence in this way. The declared aim would be to marvel, understand and learn.

In this way the first year students investigate the cultural and historic background of chosen spatial situations and analyse potential regularities they are based on. In the next step these situations are extended, changed and take on a current meaning.

The brief for the higher years on the other hand is very concrete. In preparation for the professional world of architecture we are aiming at making visible as many aspects of influence as possible and above all pursuing new paths in terms of current requirements.

P01 Ein bekannter Raum   P02 Bar   P03 3 Kunstwerke   P03 3 Kunstwerke

Durch drei kurze Übungen werden den Studenten im ersten Semester die Grundlagen des Entwerfens vermittelt und im zweiten Semester durch zwei weitere Übungen vertieft.

Within the first semester the basic desig methods are transmitted to the students through three short tasks. During the second semester students expand their knowledge through two more tasks.

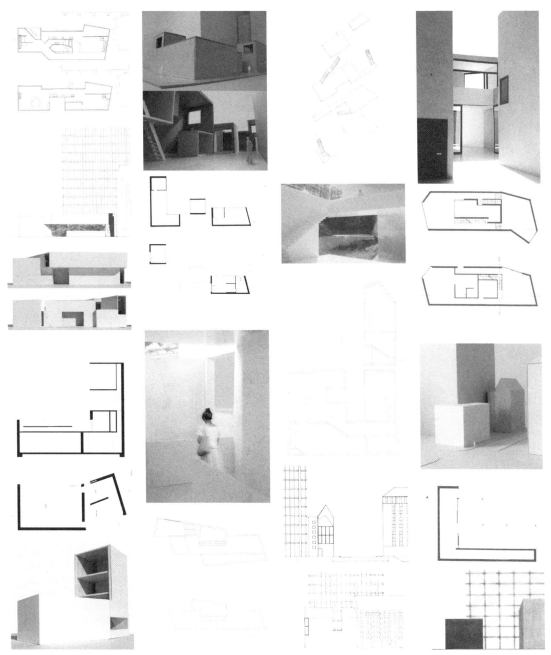

P04 Atelier Pietro Matteoli

Projekte von/ Projects by: Paul Auer, Lucia Gauchat Schulte, Anne Line Gertz, Sebastian Diaz de Leon, Florian Gick, Jonathan Heck, Julian Simon Hölting, Anna Maria Rodriguez, Daniel Rozek, Julia Ribeiro Schlegel , Valentin Schroers, Florine Schüschke, Maddalena Vezzoli, Muriel Werthebach, Anyana Zimmermann

Hoch Haus Wien
Auf dem Gelände des nördlichen Ufers des Donaukanals soll
ein markantes Bürogebäude mit einer Bruttogeschossfläche
von ca. 50.000 m² entstehen. Für einen geeigneten Bauplatz
innerhalb des Gebietes werden eigenständig Vorschläge erarbeitet. Zentrale Qualität des Standortes ist die Aussicht auf die
am südlichen Ufer des Donaukanals gelegene Innenstadt und
auf den Stephansdom. Neben der Entwicklung einer städtebaulichen sowie räumlichen Strategie gilt der Verknüpfung der
unteren Geschosse mit dem öffentlichen Raum besondere Auf-
merksamkeit. Ein weiterer Schwerpunkt der Aufgabenstellung
liegt in der Entwicklung einer geeigneten Bürokonzeption.

High-Rise Building in Vienna
The brief of the studio is to design an office building at the
northern edge of the Danube canal within the city centre of
Vienna with approximately 50.000 square meter. The area
offers a prominent view onto the city center, which is located
at the southern edge of the Danube canal. Proposals for actual
sites within the area have been worked out by the students. The
course attempts to define a spatial and urbanistic strategy that
manages to link the lower floors with the surrounding public
space. Another focus consists of designing a contemporary
office.

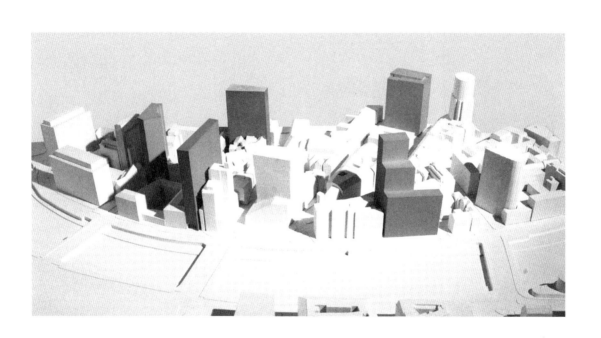

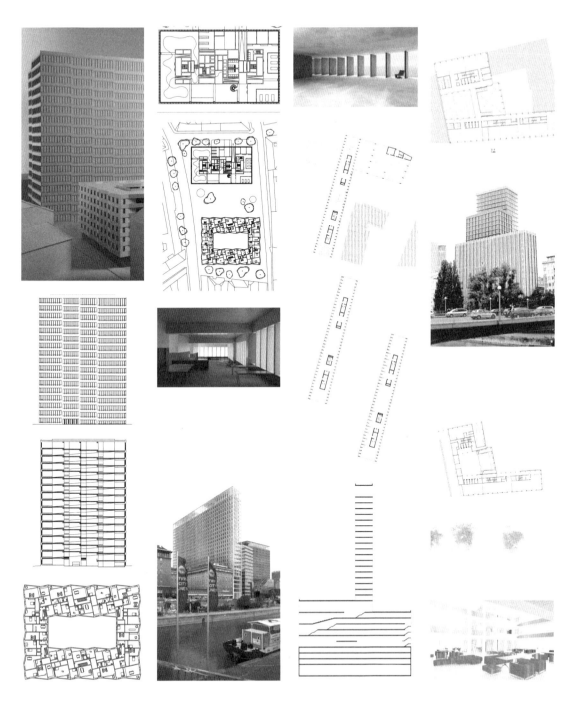

Projekte von/ Projects by: Alexander Barina, Benedikt Breitenhuber, Tabea Dauwel, Robert Dehn, Paul Greschik, Saida Kabilova, Lukas König, Moritz Munk, Daniel Ripplinger, Christoph Schulz, Eva Roll, Fabian Wolf

Horizontal Vertikal – Universität Mailand

In der Mailänder Innenstadt sollen nach dem Vorbild der Universita Luigi Boccone von Grafton Architects sechs weitere Fakultäten geplant werden. Das Strukturprinzip der Mailänder Stadtentwicklung aus dem 19., zum Teil noch 20.Jh. (Andrea Casiraghi, Die Architektur der Bauleitpläne und Bauordnungen), soll veranschaulichen, dass innerhalb der alles umfassenden Regeln kluge und räumlich hochwertige Objekte entstanden sind. Demgegenüber soll in unserer Entwurfsübung ein Programm stehen, das heute alles andere als vertikal organisiert ist. Hierarchien sind hier zurückgedrängt. Vielmehr ist das Hochschulleben von Gleichwertigkeiten und Gleichzeitigkeiten geprägt. Also eher ein Horizontales Prinzip. Wie geht man damit in räumlicher und formaler Hinsicht um?

Horizontal Vertical – University of Milan

Taking Universita Luigi Boccone from Grafton Architects as a precedent the brief is asking to plan six additional faculties in the city centre of Milan. The structural principle of the urban masterplan for Milan during the late 19th and the beginning of the 20th Century, as documented in Andrea Casiraghi's text ‚Die Architektur der Bauleitpläne und Bauordnungen', shows how within the framework of these rules intelligent buildings with high spatial qualities were produced. In contrast to this, the project is dealing with a programme which is far from being a vertical organisation. Hierarchies are less and less present and the school life is characterised by simultaneous and homogenous structures. The question is how to deal with this rather horizontal principle formally and spatially?

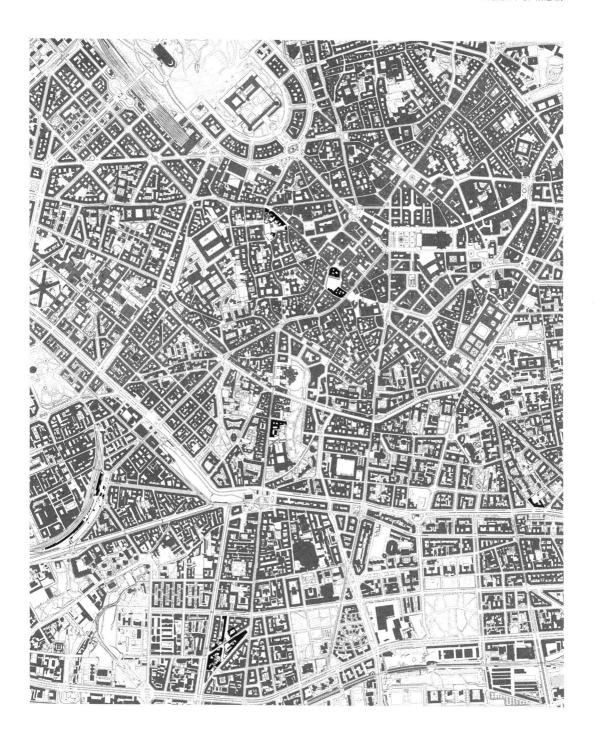

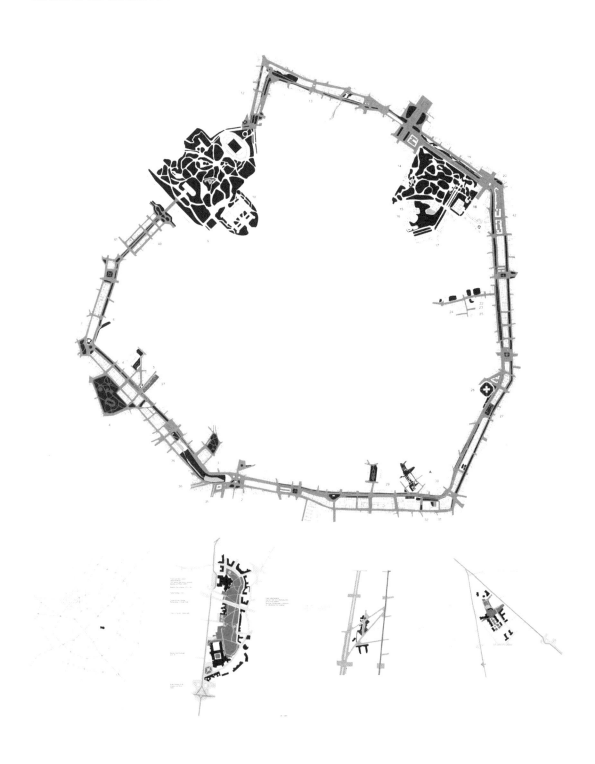

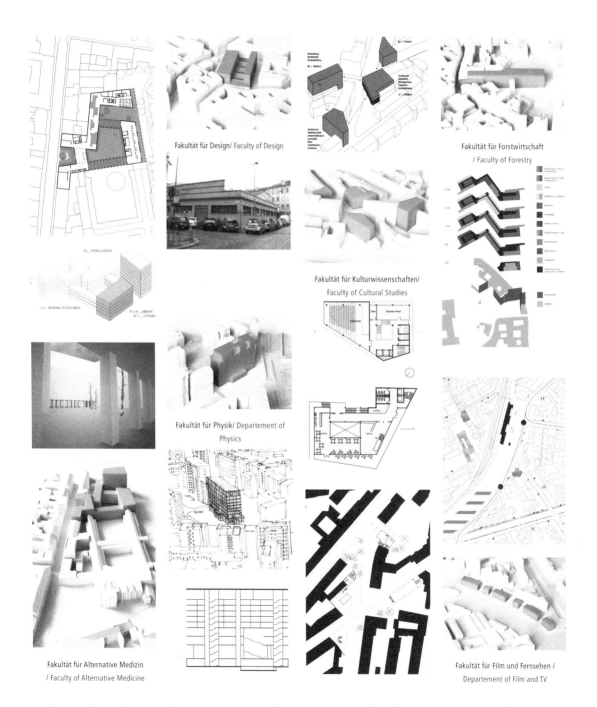

Fakultät für Design/ Faculty of Design

Fakultät für Forstwirtschaft / Faculty of Forestry

Fakultät für Kulturwissenschaften/ Faculty of Cultural Studies

Fakultät für Physik/ Departement of Physics

Fakultät für Alternative Medizin / Faculty of Alternative Medicine

Fakultät für Film und Fernsehen / Departement of Film and TV

Projekte von/ Projects by: Samuel Barckhausen, Anne Bruschke, Robert Dehn, Felix Findeiß, Antonia Harnack, Bernd Miosge, Karl Naraghi, Nora Noack, Takuto Ihara, Susie Ryu

Entwerfen und Baukonstruktion
Design and Building Construction

Honorar Prof. Juliane Zach

Wettbewerb heißt: sich messen mit anderen.
Ein Architekturwettbewerb – ob nun Ideen- oder Realisierungs-
wettbewerb – mit städtebaulichem der gebaudeplanerischen
Schwerpunkt heißt : eine gute Idee zu haben, die Aufgabe zu
erfüllen oder sinnfällig zu hinterfragen, zum festgesetzten
Zeitpunkt fertig zu sein, eine Arbeit einzureichen, die sich selbst
erklärt und mit einem kurzen und prägnanten Text in vollem
Umfang von der Jury verstanden wird. Und das alles anonym
ohne Hinweis auf die Persönlichkeit des Verfassers.
Die Teilnahme an Wettbewerben ist ein wesentlicher Bestandteil im Arbeitsleben von Architekten, nicht zuletzt zur Aquisition
von Bauaufträgen. Und um all dies zu üben und zu trainieren,
werden von mir meistens aktuelle Studentenwettbewerbe als
Projektthema angeboten. Das heißt auch zwei Fliegen mit einer
Klappe zu schlagen: die Aussicht, einen Wettbewerbspreis zu
gewinnen und gleichzeitig einen Projektschein zu bekommen.

The word competition means to measure oneself against others.
An architectural competition – whether conceptual or concrete –
focusing on either town planning or building design means:
coming up with a good idea, fulfilling the task at hand – or sen-
sibly questioning its premise – finishing on time and submitting
your work, which in the best case scenario is self-explanatory,
and which can be, with the aid of a concise and pithy text,
completely understood by the jury. And all of this is done anony-
mously without any hint at who the participant may be.
Taking part in competitions is an essential aspect of any architect's career, particularly for the procurement of commissions.
In order to train the students for this part of the job, I often use
current student competitions as the basis for studio projects. That
means students are given both the chance to earn school credit
for their project and accolades should they place within the
competition, thus killing two birds with one stone.

Vor Ort in Postdam im Rahmen des Entwurfsprojektes Potsdam - Sehnsuchtsort ? im Winter 2011/12
On site in Potsdam in the context of the designproject Potsdam - place of desire ? in Winter 2011/12

Unser Entwurf findet seine Idee durch die Auseinandersetzung mit der Architektur der Nachkriegsmoderne. Er setzt sich so grundsätzlich in Beziehung zur Geisteshaltung, die den umgebenden Raum formte.

Der Ortlosigkeit des Leineufers begegnen wir mit einem Pavillon, der mittig zwischen den klaffenden Stadthälften schwebt. Mit unbeschwerter Selbstverständlichkeit nimmt er Teil an dem großen innerstädtischen Grünzug, folgt dem Fluss, begleitet den Straßenlauf und richtet sich nach den Fünfziger-Jahre-Solitären. Flachgestreckt scheint er zwischen den Bäumen auf, schiebt sich vermittelnd in den Übergang von Altstadt zu Neustadt und schirmt einen Vorplatz längs der Leine vom Verkehr ab. Der Pavillon als Geste des Dazwischen, als Form der Uneindeutigkeit, bestätigt die Leere des umgebenden Stadtzwischenraums. Er birgt diese gleichsam in dünnen gläsernen Schichten, die zwischen Spiegelung und Durchsichtigkeit changieren und die beiden Stadtansichten aufeinander beziehen. So ist er physisch beinahe nicht da, wird aber immer wieder anwesend, wenn er die Öffentlichkeit einlässt und abends sein lichtgefülltes Inneres in die Dunkelheit stellt. Der Pavillon bietet in seiner Nutzungsoffenheit vielfache Möglichkeiten, den Leibniz Salon der Stadt Hannover zu präsentieren. In Vorträgen, Workshops und Ausstellungen werden hier die Ergebnisse des Salonlebens zu Tage gefördert. Die eigentlichen Salonräume liegen unterirdisch. Sie bilden eine Verbindung des Pavillons mit der Leine und stoßen in einem doppelgeschossigen Luftraum durch den öffentlichen Gebäudeteil ans Licht. Dieser hohe Raum steckt in der leichten Raumhülle des Pavillons als ein massiger, fensterloser Block und umschließt die Treppen zu den Salonräumen. Der Abstieg ins Ungewisse sowie die Länge der Treppen bilden die Schwelle zwischen der Öffentlichkeit des Pavillons und der Halböffentlichkeit des Salons. Hier wird die lichte Offenheit des oberen Gebäudeteils durch die Atmosphäre konzentrierten Beisich-seins abgelöst. Durch einen Funktionskern verbunden, der Bühne und Bar einfasst, stehen sich zwei ähnliche Raumsituationen ausgewogen gegenüber. Der große Salon öffnet sich zur vorüberfließenden Leine und blickt auf die von der Zeit gemusterte historische Uferwand der Altstadt. Der kleine Salon geht in den hohen Luftraum über, an dessen Grund Wasser steht. Dieser Schacht ist mit phantastisch gemasertem Serpentinit verkleidet und bildet ein innerstes Außen, einen nicht zu betretenden Raum, der nur Licht einlässt, Geräusche und Wasser. In seiner Ausgeräumtheit öffnet er sich dem besinnenden Denken und erweitert den gemeinsamen Wissensgewinn innerhalb Salons um die eigene elementare Erfahrung.

Stipendiatenwohnungen an diesem Ort zu planen, stand für uns von Beginn der Entwurfsarbeit an außer Frage.

Our design was conceived after an analysis of post-war modern architecture, and as such searches for a connection to the mentality of the time, which formed the immediate surroundings. We confront the lack of a sense of place on the banks of the Leine with our pavilion, hovering between the two gaping halves of the city. It is situated with a light-hearted implicitness within the inner city's green arc, along the river and accompanying the course of the road, and is directed towards the solitary buildings of the 1950s. The building is stretched flat between the trees, acting as a mediating structure in the transitional area between the old and new city while screening a forecourt along the Leine from traffic. The Pavilion is a gesture of the in-between. The ambiguous shape underscores the emptiness of the surrounding urban intermediary space. The thin glass layers offer something between reflection and transparency echoing this state while allowing the two faces of the city to interact. While the building sometimes appears almost non-existent, its presence is all the more felt when its doors are opened to the public and when at night its lit interior shines brightly into the surrounding darkness. Its open structure offers a variety of possible uses for the Leibniz Salon of Hannover to present itself. The activities of the salon are brought to life through lectures, workshops and exhibitions, while the actual salon rooms are located underground. They connect the pavilion to the Leine river and are lit by a double height open courtyard in the public part of the building. This tall open space is comprised of a massive, windowless block in which the staircases for the salon are situated and stands in stark contrast to the otherwise light spatial envelope of the pavilion. The descent into the unknown as well as the length of the stairs form the threshold between the public pavilion and semi-private space of the salon. Here, the light openness of the upper part of the building disappears and instead the visitor is confronted with an atmosphere of concentrated intimacy. A functional core, which houses both stage and bar, connects the two similarly construed halves of the salon. The large salon opens onto the Leine riverfront and the historically charged bank of the old city. The small salon opens onto the large open courtyard, the floor of which is submerged in water. This shaft is cladded with the fantastically veined serpentinite stone forming an innermost exterior, an inaccessible space whose sole purpose is to let in sound, water and light. Stripped down to the essentials, it opens itself up to contemplative thought and expands the collective yield of knowledge to include the individual's elementary experience.

The incorporation of apartments for scholars into the design was for us from the beginning out of the question.

1.Preis
Fabian Scholtz, Andrey Klymenko, Fabian Matuschka

Die Ausschreibung zum Xella Studentenwettbewerb 2012/2013
- Am Rand der Mitte - Leibniz Salon Hannover -
war Grundlage des Entwurfsprojektes.

The tender for the Xella Studentcompetition 2012/2013
- At the edge of the center - Leibniz Salon Hannover
was the basis for the studio project.

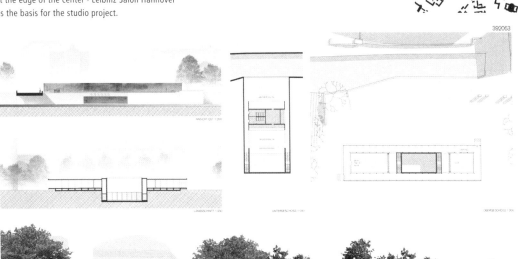

Anerkennungspreis
Alexander Witt, Friedrich Barth

Der gefaltete Salon

Salon, Saal, Restaurant und Treppen sind jeweils auf ganz
eigene Art gefaltete Körper, zwischen den sich im Erdgeschoss
das Foyer erstreckt. Von hier aus können über den Treppenturm
der Salon und der Saal erreicht werden. Diese sind, wie auch
das Restaurant, außen wie innen auf gleiche Weise gefaltet, erhalten so einen ganz eigenen Charakter und ermöglichen eine
spezifische Raumerfahrung. Durch den Treppenturm, dessen
Innenraum selber nicht betreten werden kann, sind der Salon
und der Saal von der Außenwelt abgenabelt.
Das Obergeschoss ist als Haus des Intendanten zu verstehen.
Neben seiner Wohnung hat er eine Vielzahl von um einen
Innenhof angesiedelten Räumen zur Verfügung, die sich zu
sechs großzügigen Gäste- und Stipendiatenwohnungen zusam-
menschalten lassen.
Von außen betrachtet ist der „Leibniz Salon" ein zweigeschos-
siges, von den umstehenden Bäumen überragtes Gebäude. Die
transparente Fassade und die lose Streuung der Körper im Erdgeschoss ermöglichen den Blick durch das Gebäude hindurch
und erhalten die grüne Schneise, die Hannover so prägt.

The folded salon

Salon, hall, restaurant and staircase are each in their own way
folded spatial bodies, between which the foyer is stretched on
the ground floor. From here, one can take the stair tower to
reach the salon and main hall. These are – as is the restaurant
– folded on the exterior and interior giving them their own
character and enabling specific spatial experiences. The stair
tower, whose interior is inaccessible, separates the salon and
hall from the outside world.
The upper level should be understood as the house of the director. In addition to his apartment, he has access to a number of
rooms arranged around a courtyard, which can be transformed
into six generously proportioned apartments for guests or
grantees.
Viewed from the outside, the "Leibniz Salon" is a two-storied
building whose height is trumped by the surrounding trees. The
transparent façade and the loose scattering of spatial bodies
on the ground floor enables one to look completely through
the building, thus conserving the green strip of land, that so
characterizes Hannover.

Lageplan
M 1:1000

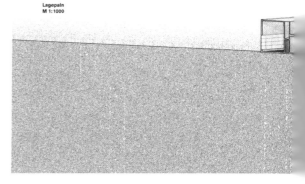

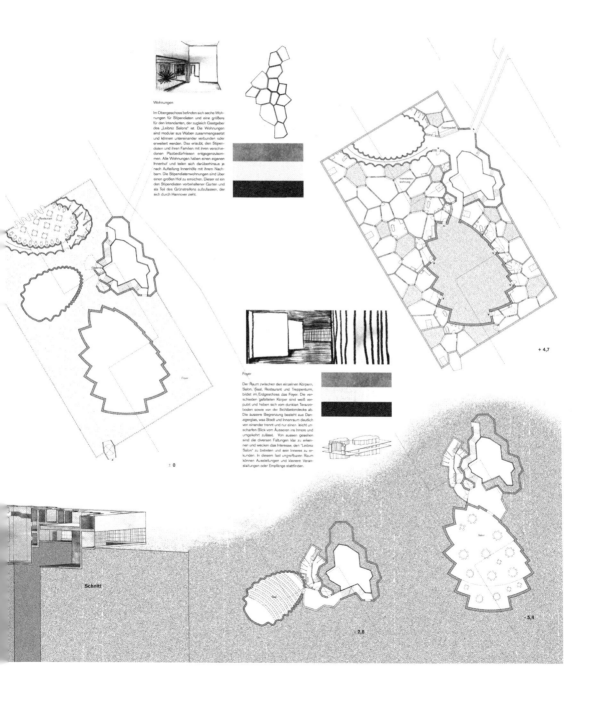

Wohnungen

Im Obergeschoss befinden sich sechs Wohnungen für Stipendiaten und eine größere für den Intendanten, der zugleich Gastgeber des „Leibniz Salons" ist. Die Wohnungen sind modular aus Waben zusammengesetzt und können untereinander verbunden oder erweitert werden. Das erlaubt, den Stipendiaten und ihren Familien mit ihren verschiedenen Platzbedürfnissen entgegenzukommen. Alle Wohnungen haben einen eigenen Innenhof und teilen sich darüberhinaus je nach Aufteilung Innenhöfe mit ihren Nachbarn. Die Stipendiatenwohnungen sind über einen großen Hof zu erreichen. Dieser ist ein den Stipendiaten vorbehaltener Garten und als Teil des Grünstreifens aufzufassen, der sich durch Hannover zieht.

Foyer

Der Raum zwischen den einzelnen Körpern, Salon, Saal, Restaurant und Treppenturm, bildet im Erdgeschoss das Foyer. Die verschieden gefalteten Körper sind weiß verputzt und heben sich vom dunklen Terrazzoboden sowie von der Sichtbetondecke ab. Die äussere Begrenzung besteht aus Dampfglas, was Stadt und Innenraum deutlich von einander trennt und nur einen leicht unscharfen Blick vom Äusseren ins Innere und umgekehrt zulässt. Von aussen gesehen sind die diversen Faltungen klar zu erkennen und wecken das Interesse, den „Leibniz Salon" zu betreten und sein Inneres zu erkunden. In diesem fast ungreifbaren Raum können Ausstellungen und kleinere Veranstaltungen oder Empfänge stattfinden.

Schnitt

± 0

+ 4,7

- 2,8

- 5,4

Silvia Gioberti
Ruth Hörter
Nike Kraft

**Wir verändern nichts,
aber alles ist anders.**
Ein Ort zwischen zwei Welten
– ein Zwischenraum - scheinbar ungenutzt und brach.
Die Aktivierung des Ortes
muss über die Architektur
hinaus, über die Menschen
selbst und die Belebung
dessen erfolgen.
Der Raum ist als geschichteter
Fluss zwischen diesen beiden
Welten zu verstehen - der
Bewegungsfluss der Autos,
der Menschen, der Leine.
Warum die durch den Krieg
getrennte Stadt wieder ver-
knüpfen?
Der Fluss fließt weiter.

We arent changing anything
but, everything is different.
A place between two worlds
– an intermediate space –
seemingly unused and lying
waste.
The activation of such a place
takes place occurs through
the revitalization of the architecture, and even the people
themselves.
Space is to be understood
as a layered river between
these two worlds – the flow
of movement of cars, people,
the Leine.
Why should the war-divided
city be reconnected?
The river flows on.

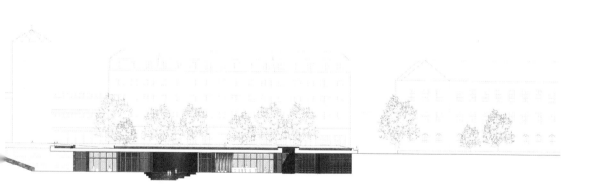

Anerkennungspreis
Julian Pommer, Hagen Schmidt

Die Ausschreibung zum Schinkel-Wettbewerb 2012
- Ideale Realitäten Potsdam -
des AIV war Grundlage des Entwurfsprojektes.

„Diese Arbeit thematisiert die Typologie des Lustgartens und
dessen veränderte Form und Funktion seit dem Barock und
erarbeitet eine zeitgenössische Interpretation. Dabei werden
der Bedarf nach einer städtischen Verdichtung sowie ein neues
ökologisches Verständnis in die Entwurfsfindung einbezogen.
Hauptgestaltungselement ist ein Dachgarten über einer mehr-
geschossigen Bebauung, die gewerbliche Nutzung im EG und
Wohnen im OG vorschlägt. Ein Geflecht von 19 Höfen struktu-
riert den zusammenhängenden Block und sorgt für Belichtung
und Belüftung. Der Garten selbst wird als urbane Agrikulturlandschaft genutzt für die Produktion von ökologisch angebau-
ten Lebensmitteln, die lokal verkauft werden. Die Interpretation
des Lustgartens als urbane Agrikulturlandschaft ist ausschlaggebend, alles andere folgt."
Auszug aus dem Juryprotokoll

Honorable Mention
Julian Pommer, Hagen Schmidt

The tender for the 2012 Schinkel Competition
- Ideal Realities in Potsdam –
from the AIV Berlin was the basis for the studio project.

„The project further develops the typology of the pleasure
garden – which has existed in one form or another since the
Baroque era – into a contemporary version. The design pays
particular attention to the need of the city to increase density
as well as ecological building practices. The primary element of
the design is a roof garden on a multi-storied building, which
proposes putting commercial space on the ground floor and
residential space on the floors above. A network of 19 court-
yards structures the large block, also ensuring adequate light
and ventilation. The garden is itself used as an urban agricul-
tural landscape where organic crops are grown, and then sold
locally. The interpretation of the pleasure garden as an agricul-
tural landscape is of vital importance to the design setting the
tone for everything else."
Excerpt from the jury's log

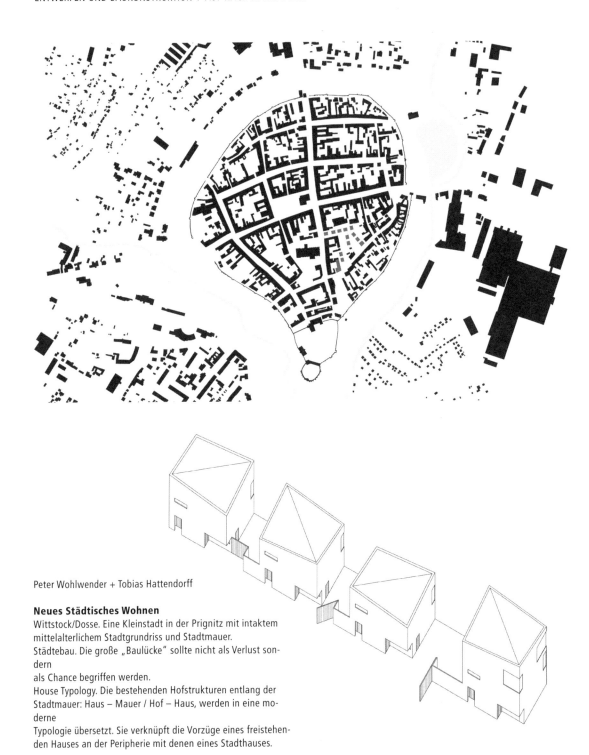

Peter Wohlwender + Tobias Hattendorff

Neues Städtisches Wohnen
Wittstock/Dosse. Eine Kleinstadt in der Prignitz mit intaktem
mittelalterlichem Stadtgrundriss und Stadtmauer.
Städtebau. Die große „Baulücke" sollte nicht als Verlust sondern
als Chance begriffen werden.
House Typology. Die bestehenden Hofstrukturen entlang der
Stadtmauer: Haus – Mauer / Hof – Haus, werden in eine moderne
Typologie übersetzt. Sie verknüpft die Vorzüge eines freistehen-
den Hauses an der Peripherie mit denen eines Stadthauses.

New Urban Living
Wittstock/Dosse. A small city in the Prignitz region with an intact middle age structure and city wall.
URBAN PLANNING. The large „vacant lot" should be understood as
a chance, not a loss
House Typology. The existing courtyard structures along the city wall: House – Wall / Courtyard – House, are redeveloped into a modern typology. They unite the virtues of a freestanding house on the periphery with those of an urban dwelling.

Gebäudeplanung und Entwerfen
Building Planning and Design

Prof. Matthias Sauerbruch
Gastdozenten: Elsa Katharina Jacobi, Tom Geister,
Stephen Molloy
Tutoren: Georg Hana, Marie Poth

Das Fachgebiet existiert an der UdK seit dem Wintersemester 2012/2013, sodass in dieser Veröffentlichung lediglich die Ergebnisse eines Semesters dokumentiert werden können. Das Projekt „Moments of Culture" setzte sich im Rahmen des Hauptstudium und des Masterstudiengangs mit der Frage nach zeitgemäßen Kulturbauten auseinander. Es lief in Korrespondenz zu der Ausstellung Kultur:Stadt, die unter der Kuratorenschaft von Prof. Matthias Sauerbruch im Frühjahr 2013 in der Akademie der Künste, Berlin, gezeigt wurde.
Als Einstieg in das Projekt wurden Studenten nach ihren eigenen Erfahrungen von Kultur gefragt, um diese in Illustrationen und mappings zu dreidimensionalen Raumskizzen zu verarbeiten; der Prozess führte schließlich zu verbindlich definierten Räumen mit spezifischen Eigenschaften, die die jeweiligen Vorstellungen von Kultur verkörpern sollten. In einem nächsten Schritt wurden diese Raumvorstellungen dann mit einem Ort und einem spezifischen Programm konfrontiert: Das Sommersemester steht unter dem Thema: „Berlin Guesthouse" am Kulturforum.
Grundsätzlich interessieren wir uns für eine Architektur, die städtisch-programmatische Intelligenz mit sinnlicher Reichhaltigkeit verbindet. Wenn wir Bauten entwickeln wollen, denen es gelingen soll, Sympathien bei ihren Nutzern zu erwecken, ist jeder einzelne Architekt herausgefordert, auch die eigene Vorstellungswelt zu erforschen und zu erweitern. Mit diesem Ziel üben wir mit professioneller Disziplin die Elastizität unserer eigenen Phantasie.
Im Seminar „Gebäudelehre" betrachten wir pro Semester eine Nutzungstypologie. Basierend auf demselben Raumprogramm erstellen die Studenten bis zu fünf Kurzentwürfe unter unterschiedlichen Prioritäten wie z.B. Kontext, Struktur, Choreographie, Raum, Ikonographie u.a.m.

Studio Sauerbruch has existed at the UdK since the autumn term of 2012/2013. Hence we can, at this moment, only document the work of this single semester.
„Moments of culture" is a project for Diploma and Master students that is dedicated to a critical appraisal of contemporary cultural buildings. Initially it was conducted in correspondence with the exhibition „Culture:City" that was curated by Matthias Sauerbruch and shown at the Academy of Arts in Berlin in spring 2013.
As an introduction into the project students were asked to recall their own experiences of culture and to process these in illustrations, mappings and sketch models. In the course of the semester this treatment led to carefully defined spaces of particular qualities that were to embody the various ideas of culture. Subsequently these spaces are confronted with a site and a programme, The assignment for the summer semester is to design a „Berlin Guesthouse" at the Kulturforum.
Generally speaking we are interested in an architecture that combines urbanity and programmatic intelligence with rich sensuality. If we want to design buildings that succeed in inspiring the imagination and are endearing to their future users, environmental designers have to be aware of, respect and develop their own imagination. This is why we exercise the elasticity of our powers of invention whilst abiding to the highest degree of professional discipline.
The „Gebäudelehre" course (Study of Typologies) regards one building type per semester. With an unchanging programme the students produce up to five fast building designs, each informed by different priorities such as context, structure, choreography, space, iconography etc.

Ein Raum, der die Sinne herausfordert und im Affekt begeistert, ist die Aufgabestellung, die sich Duarte Vieira beim Entwurf dieser Museumsräume gestellt hatte.
Duarte Vieira set himself the task to create an environment that would overwhelm the viewer and challenge his or her senses when he designed these museum spaces.

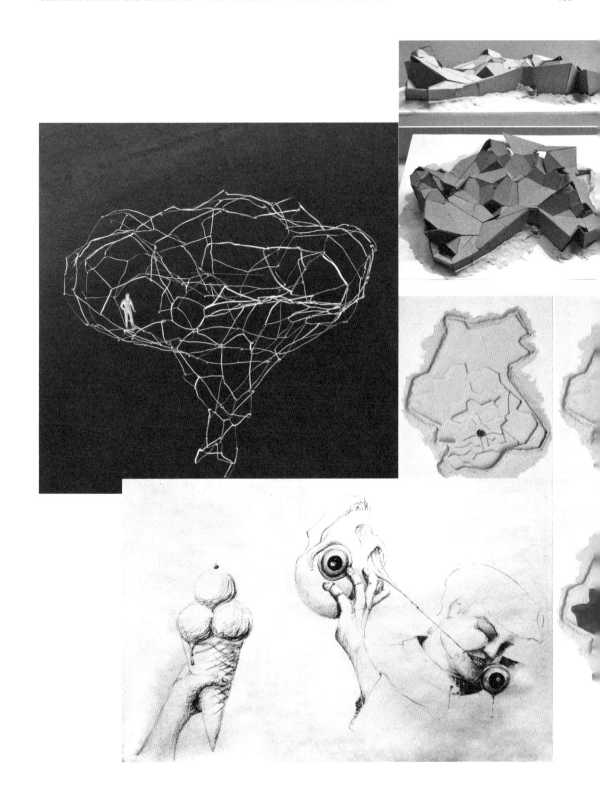

Für Sarah Jo Fischer wird „Kultur" erst im Kontrast zum „Anderen" erlebbar. Ihr Höhlenraum versucht den Betrachter von seinem selbstverständlich urbanen Kontext zu isolieren und mit den fundamentalen Phänomenen der Schöpfung zu konfrontieren.

For Sarah Jo Fischer „culture" can only be understood in contrast to the „Other". Her cave space aims to isolate visitors from the urban context of their everyday existences and to confront them with the fundamental phenomena of creation.

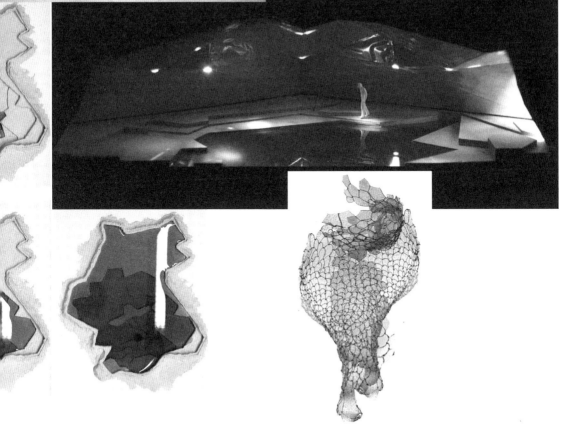

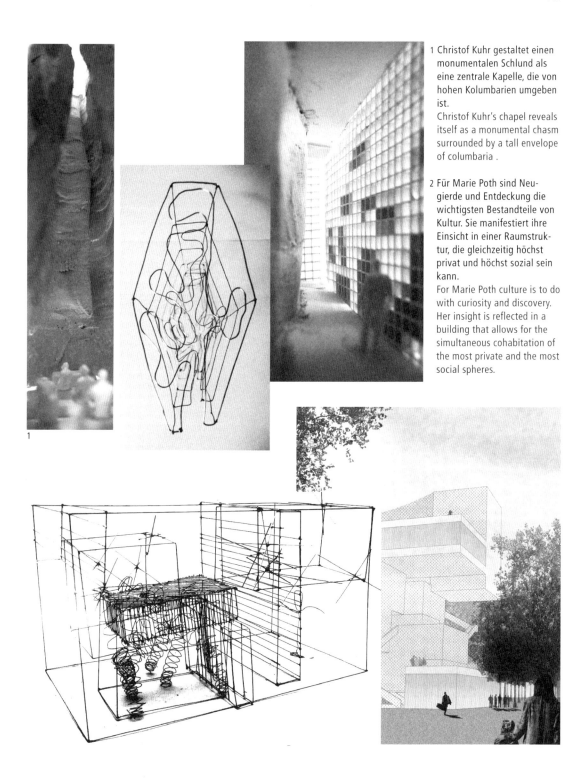

1 Christof Kuhr gestaltet einen monumentalen Schlund als eine zentrale Kapelle, die von hohen Kolumbarien umgeben ist.
Christof Kuhr's chapel reveals itself as a monumental chasm surrounded by a tall envelope of columbaria .

2 Für Marie Poth sind Neugierde und Entdeckung die wichtigsten Bestandteile von Kultur. Sie manifestiert ihre Einsicht in einer Raumstruktur, die gleichzeitig höchst privat und höchst sozial sein kann.
For Marie Poth culture is to do with curiosity and discovery. Her insight is reflected in a building that allows for the simultaneous cohabitation of the most private and the most social spheres.

3

3 Kultur passiert im Gespräch bei einer Tasse Tee oder in der Aura der Musik. Natalia Hinz formalisiert das Informelle, um der Kultur den Raum zu verschaffen
Culture happens in a conversation over a cup of tea in the aura of a piece of music. Natalia Hinz forms the informal to make a space for culture.

4 Für Marisa Oliveira ist Kultur ein Vehikel, die täglichen Ängste zu bekämpfen. In ihrer Hand wird das Treppenhaus eines Berliner Mietshauses ein Hort unerwarteter Konvivialität.
Marisa Oliveira uses culture as a strategy to overcome everyday fear. In her hands an ordinary Berlin staircase becomes an unexpected refuge of conviviality.

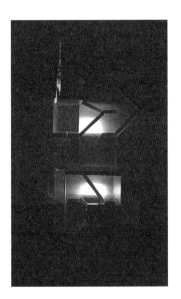

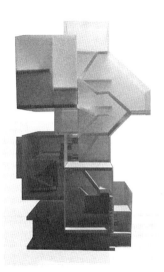

4

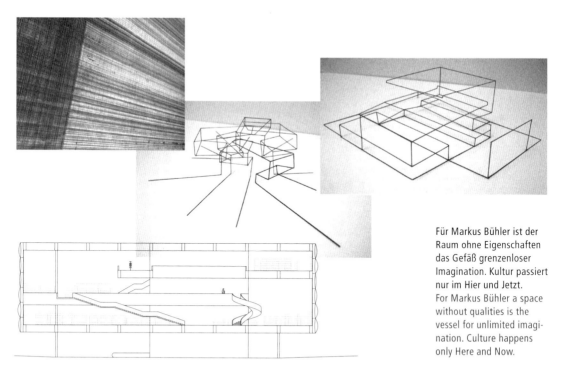

Für Markus Bühler ist der Raum ohne Eigenschaften das Gefäß grenzenloser Imagination. Kultur passiert nur im Hier und Jetzt.
For Markus Bühler a space without qualities is the vessel for unlimited imagination. Culture happens only Here and Now.

Maria Prates versucht, die unsichtbaren Grenzen, die ein Kollektiv definiert, in das komplexe, sich vielfach überlagernde Raumgefüge einer Bibliothek zu übertragen.
Maria Prates tries to manifest the invisible limitations that define a collective. Her library is a complex space woven in multiple layers.

Für Halfdan Trolle manifestiert sich Kultur in der Begegnung. Er hat einen Wald gewählt, um die gewissermaßen existentielle Begegnung unter Menschen, zwischen Natur und Kultur und zwischen Leben und Tod in Szene zu setzen.

For Halfdan Trolle culture equals encounter. He uses the setting of a forest to create a somewhat existential space of encounter amongst humans - between culture and nature as well as between life and death.

Experimentelles Gestalten und Grundlagen des Entwerfens
Experimental Forms and Principles of Design

Prof. Enrique Sobejano
Wissenschaftliche Mitarbeiter: Dirk Landt,
Sigurd Larsen
Tutoren: Corinna Didjurgeit, Paul Greschik

Die Ausbildung von Architekten kann sich heutzutage nicht mehr auf die traditionelle Trennung von Theorie und Praxis stützen. Architektur nicht mehr als autonome Disziplin verstanden werden und isoliert von anderen Wissenschaften, Künsten und Technologien, ausschließlich seinen eigenen Gesetzmäßigkeiten folgen. Der Umfang und die Komplexität der involvierten Konzepte und Rahmenbedingungen ist innerhalb der Lehre nicht mehr mit einem linear-einseitig orientierten Leitfaden in Einklang zu bringen. Entwurf zu unterrichten beinhaltet nicht einen linearen Prozess, sprich einen Weg mit fest vorgeschriebenen, abgestuften Sequenzen von Übungen (von „kleinen zum großen" Maßstab, von „einfachen zu komplexen" Raumprogramm, von „abstrakt und konzeptionell" zu „ realistisch und pragmatisch", etc.) vorzugeben. Daher sollten die Studenten von Beginn an mit den umfassenden Denkprozessen und Praxes in der Architektur konfrontiert werden. Die Architekturausbildung sollte versuchen zu vermitteln, wie abstrakte soziale und konzeptionelle Fragestellungen in der gebauten Umwelt real und materiell werden können. Die Studenten sollen lernen, dass die Lehre an der Hochschule nicht ausschließlich einer ideellen und rein akademischen Fragestellung fern jeder Realität folgt, jedoch dass sich die „reale Welt" ebenfalls aus konzeptionellen, poetischen und sozialen Gesichtspunkten betrachten lässt, welche wiederrum in Verbindung zu funktionalen, technischen und ökonomischen Aspekten stehen. Von Beginn des Semsters werden die Studenten mit der Komplexität, in welcher Architektur entsteht, konfrontieren. Dies bedeutet, auf sehr verschiedene Wege und unterschiedlichste Perspektiven auf die Gegebenheiten, welche ein Projekt beeinflussen, zu reagieren. Gedanke/Handlung, Ort/Maßstab, Material/Raum, Darstellung/Wahrnehmung, Struktur/Konstruktion, Nutzung/Gehäuse, Natur/Künstlichkeit sind Konzepte, deren traditionelle Rollen von zeitgenössischer Architekturtheorie und -praxis in befragt werden. Die Studioarbeit beinhaltet kurze Übungen und Projekte, Vorlesungen, Kritiken, Aktionen im Außenraum, Exkursionen und öffentliche Präsentationen. Dies ist Teil eines kontinuierlichen Prozesses, welche die Studenten dazu führt mit Architektur zu experimentieren.

The education of architects can no longer rely on the traditional separation of theory and praxis. Similarly, it is not possible to isolate architecture as an autonomous discipline with its own rules from the rest of the arts and sciences. The spectrum and complexity of the relevant concepts, knowledge and conditions that play a role in the contemporary practice of architecture are incompatible with a linear, one-sided education. Teaching design implies a non-linear process, a path in which it makes little sense to follow a rigid sequence of exercises (from "small to large" scale, or from "simple to complex" programs, from "abstract and conceptual" to "real and pragmatic", etc.). Instead, from the very beginning students should be confronted with the vast possibilities and thinking processes that play a role in the field of architecture. Architectural education should be about learning how abstract social and conceptual questions can be manifested in the built environment. The abstract concepts taught do not only belong to an idealized "academic realm" completely removed from reality, but rather, these same conceptual, poetic and social points of view can be used in the "real world" in conjunction with the functional, technical or economic aspects of the field. The basics of design course aims to confront students with the complexity of the situation in which architecture is created. This means using a variety of perspectives and methods to react to the factors influencing a project. Thought/Action, Place/Scale, Matter/Space, Representation/Perception, Structure/Construction, Program/Container and Nature/Artifice are paired concepts whose traditional meanings are questioned by contemporary architectural thought and practice. The studio work is comprised of short exercises and projects, lectures, critiques, outdoor actions, excursions, and public presentations as part of a continuous evaluation process that aids the students in their initial experimentation with architecture.

Rundgang Universität der Künste 2012 , Treppe in Porto, Portugal
Exhibition during the yearly open-house event at the Berlin University of the Arts 2012, A Staircase in Porto

1

2

1 Joe Georgen
  Johannes Wagner
2 Julia Trinkle
  Simon Rütjeroth
3 Elena Eist
  Dörte Böschemeyer

4 Daniel Ripplinger
  Fabian Wolf
5 Anna Derriks
  Lisa Göthling

6 Johannes Stolz
  Ricarda Brunner
7 Carina Kitzenmaier
  Corinna Didjurgeit
8 Diane Penrad
  Simon Bloßfeld

9 Clemens Vogel
  Frank Bauer

3

6

7

8

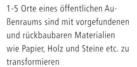

4

1-5 Orte eines öffentlichen Au-
ßenraums sind mit vorgefundenen
und rückbaubaren Materialien
wie Papier, Holz und Steine etc. zu
transformieren

1-5 The task was to transform a
public space, by means of altering
the encountered conditions with
materials which leave the site
after the action in it's initial state
(paper, wood, stones etc.)

5

6-9 Die Werkzeuge, um Ideen
zu vermitteln, bestehen heute
nicht mehr nur aus traditionellen
Mitteln (Zeichnungen, Modelle),
sondern auch aus anderen Medi-
en. In der ersten Aufgabe halten
die Studenten Ihre subjektive
Wahrnehmung audiovisuell fest.

6-9 The methods of how to
transmit an idea nowadays are
not only limited to traditional
tools like drawings and models
but also include other media. In
the first assignment the students
capture their subjective perception
through audiovisual media.

9

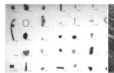

1

2

3

4

1 Benedikt Wieser
2 Sophia Ribas
3 Ricarda Hartman
4 Felix Deiters

5 Christoph Henschel
6 Alexander Hey
7 Lena Florencia Brandt
8 Simon Rütjeroth
9 Sofia Ribas

Ziel ist es, ein Bewusstsein für die Beziehung zwischen Material und Raum in Abhängigkeit zur Art und Weise der Intervention zu entwickeln. Der Wegfall eines Kontextes in den ersten Übungen bewirkt eine Fokussierung auf die reine räumliche und materielle Qualität der Architektur. In einem zweiten Schritt werden Einflüssen des Ortes, der Topographie, des Klimas und des kulturellen Kontextes etc. mit bedacht.

The objective is to create an awareness of the relationship between material and space dependent on the type of intervention the students develop. In the first exercises, the absence of context helps one to focus on the spatial and material qualities of the architecture itself. In following steps, the influences of a specific site, such as topography, climate and the cultural context are taken into account.

5

6

7

8

9

Pavillion
Zeche Zollverein
Essen

Pavilion
Zeche Zollverein
Essen

Für die Zeche Zollverein sollte ein
System von Pavillons entwickelt
werden, welches die Gebiet
räumlich miteinander verknüpft
und so eine neue Wahrnehmung
des Areals schafft.

The goal of this exercise was to
develop a system of pavilions for
the coal mine Zollverein, in order
to spatially connect the buildings
and create a new perception of
the whole area.

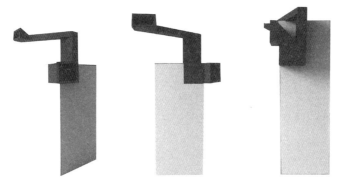

1

Temporärer Pavillion
Berlin

Temporary Paviion
Berlin

Für den Eingangshof einer Galerie
in Berlin sollte ein temporärer
Pavillion für die zeitgenössischen
Künstler Christian Marclay, Brian
Eno und Thomas Köner entworfen
werden.

The students were asked to design
a temporary pavilion for contemporary musicians/artists Christian
Marclay, Brian Eno and Thomas
Köner in the entrance courtyard of
a gallery in Berlin.

 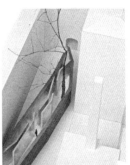

2   3

4

1 Olga Weber
2 Clemens Vogel
3 Corinna Didjurgeit
4 Maria Theis
5 Corinna Didjurgeit
6 Clemens Vogel

Kindergarten
Porto, Portugal

Entwurfsziel der Aufgabe ist es
ein Bewusstsein für die Beziehung
zwischen Maßstab und Raum in
Abhängigkeit zum menschlichen
Körper herzustellen.

Kindergarten
Porto, Portugal

The idea behind this exercise was,
to develop a consciousness of the
correlation between scale and
space in relation with the human
body and the urban context.

5

6

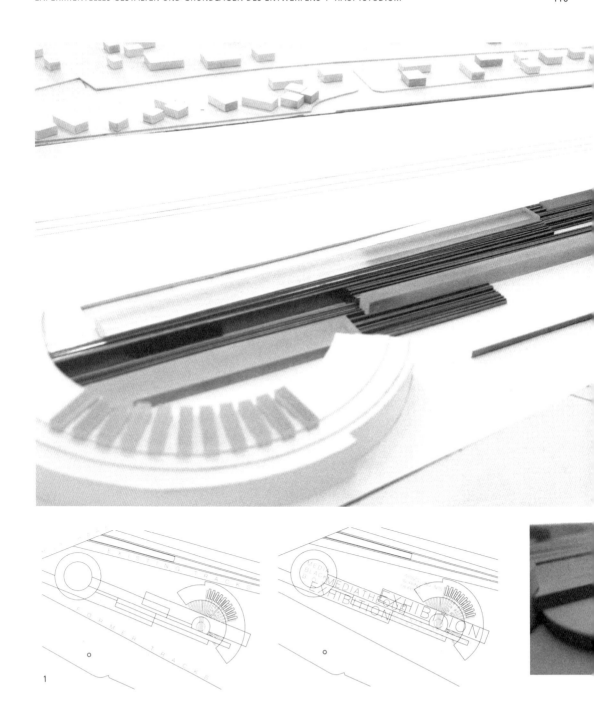

1

Visual Art Centre

Visual Art Centre
Berlin

Entworfen wurde ein ein zeitgenössisches, visuelles Kunstzentrum
für Produktion, Forschung und
Kommunikation, sowie Ausstel-
lungräume für digitale Kunst,
Video- und Internetkunst in Berlin.

A Contemporary Visual Arts Center
was designed for the creation,
research, production, communication and exhibition of digital,
video and Internet art in Berlin.

1 Kathleen Nagel
2 Zsófia Mester

1

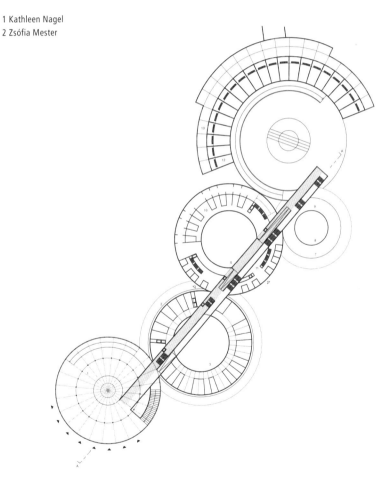

2

2

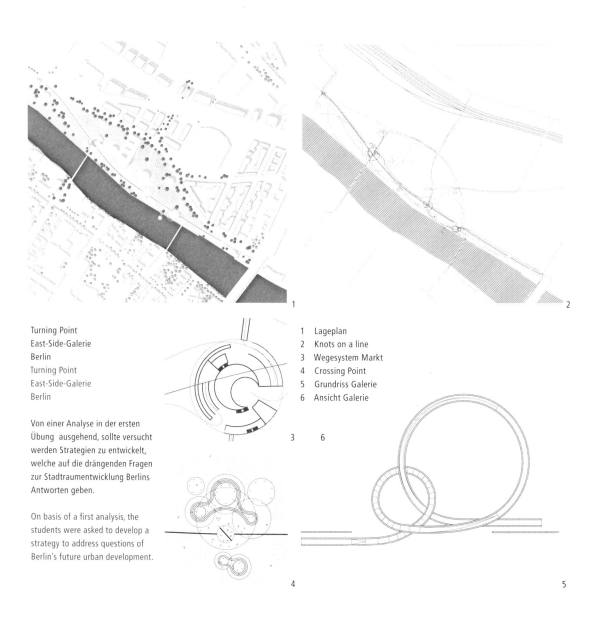

Turning Point
East-Side-Galerie
Berlin
Turning Point
East-Side-Galerie
Berlin

Von einer Analyse in der ersten
Übung ausgehend, sollte versucht
werden Strategien zu entwickelt,
welche auf die drängenden Fragen
zur Stadtraumentwicklung Berlins
Antworten geben.

On basis of a first analysis, the
students were asked to develop a
strategy to address questions of
Berlin's future urban development.

1   Lageplan
2   Knots on a line
3   Wegesystem Markt
4   Crossing Point
5   Grundriss Galerie
6   Ansicht Galerie

1

2

3   6

4

5

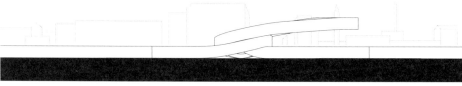

Olga Weber
Christoph Schulz
Lukas König

Alberto Reques del Rio
Zeitgenössisches Film Kulturhaus
Paulustor in Graz
Österreich

Contemporary Art House Cinema
Paulustor in Graz
Österreich

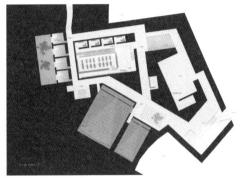

Im historischen Kontext von Graz soll ein Film-Kulturhaus entworfen werden, welches die Punkte Experimentieren, neue Technologien, Vorführungen, Geschichte und Ausstellung miteinander verbindet.

The task was to design a house for cinematic art and culture in the historic context of Graz, taking into account the issues of experimentation, new technologies, projections, history and exhibition.

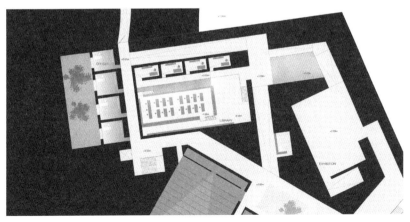

Digitales und Experimentelles Entwerfen
Digital and Experimental Design

Prof. Dr. Norbert Palz
Wissenschaftlicher Mitarbeiter: Ricardo Gomes
Tutoren: Anna Bajanova, Luise Marter, Clemens Vogel

Das Fachgebiet für digitales und experimentelles Entwerfen untersucht im Masterlevel die konzeptionellen, räumlichen und konstruktiven Einflüsse von digitalen Werkzeugen auf eine zeitgenössische Entwurfspraxis. Die Studierenden werden hierbei im Verlauf von zweisemestrigen Entwurfsseminaren in digitale Prozessketten und Denkmodelle eingeführt und versuchen dabei, ihr bestehendes gestalterisches und konstruktives Vokabular zu erweitern. Aus der individuellen experimentellen Projektarbeit heraus werden so von den Studierenden komplexe und radikale Übersetzungen eines zeitgenössischen Werkzeug- und Entwurfsbegriffs entwickelt. Nach einem ersten Vorbereitungssemester findet dann eine Anwendung der neugewonnenen Fähigkeiten in einem konkreten Gebäudeentwurf statt. Formal soll dabei weniger von einem Paradigmenwechsel zwischen bestehender analoger und neuer digitaler Architekturgestaltung ausgegangen werden, sondern dem Studierenden eine konzeptbasierte Anwendung aller im Moment zur Verfügung stehenden Entwurfswerkzeuge vor dem Hintergrund einer differenzierten Referenzlandschaft vermittelt werden. Dem wechselseitigen Austausch digitaler und analoger Repräsentationsformen in Form von Zeichnungen und Modellen und deren architektur- und kunsttheoretischen Einbettung kommt dabei eine wichtige Bedeutung zu. In entwurfsbegleitenden Exkursionen sollen zusätzlich Querverbindungen zwischen aktuellen und historischen Raum- und Theoriekonzepten geschaffen werden.
Darüber hinaus betreut das Fachgebiet durch Vorlesungen und Übungen die Ausbildung im Fach Baukonstruktion in den ersten zwei Studienjahren.

At the master level, the Chair for Digital and Experimental Design investigates the conceptual, spatial and constructive impact of digital tools on contemporary architectural design practice. In a two-semester studio project, the students get acquainted with digital and conceptual methodologies, thereby broadening their existing design and engineering skill set through their own experimental spatial practice. After the preparatory semester, the students develop an architectural design proposal in the following term. The shift from a digital to an analogue praxis is not necessarily to be reflected formally but by the appropriate implementation of the design tools in conjunction with a differentiated and broadened reference body. Digital and analogue means of representation are tested through drawings and models and discussed within the context of art and architectural theory. Excursions that accompany the studio course provide the student with possibilities to cross-reference contemporary and historical spatial and theoretical concepts, the intention of which is to enhance the individual and radical personal practice.
In the first two study years, the Chair for Digital and Experimental Design teaches building construction through lectures and seminars.

Ausstellung von Forschungsarbeiten des Fachgebietes im Foyer der Universität der Künste
Exhibition of the Chair's research work in the foyer of the University of the Arts

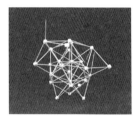

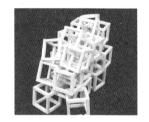

1

2

3

In dem Seminar Baukonstruktion wurden mit Studierenden des ersten Semesters entwerferische Fügungsprinzipien des Werkstoffes Holz und deren eigenständige Planung und Herstellung eingeübt. Als Vorübung zu späteren großformatigen Konstruktionen in der Größe von ca. 2.50 x 2.50 x 2.50m dienten kleinere Modelle, die in Zusammenarbeit mit der Holzbauwerkstatt unter der Leitung von Nadja Müller hergestellt wurden. In den Strukturen sollten räumliche Entsprechungen der Begriffe Repetition, Monotonie, Varianz und Komplexität gefunden und für den gewählten Ort des Foyers übersetzen werden. Die vier ausgewählten Konstruktionen wurden in Kooperation mit dem Jazzinstitut der Universität der Künste und acht Saxophonisten im Rahmen einer Ausstellung der Öffentlichkeit präsentiert.

In the building construction seminar, the first semester students experimentally explored joinery principles of wood constructions and applied them in a personal planning and fabrication process. The small-scale models that were fabricated in collaboration with the wood workshop headed by Nadja Müller served as a preparation for the resulting large-scale constructions with the dimensions of 2.50m x 2.50m x 2.50m. The models investigated abstract spatial translations of the terms repetition, monotony, variance and complexity that were developed with the foyer in mind as the building site. The four selected constructions were then presented to the public in a joint concert with eight saxophone players from the University's Jazz Institute during the exhibition opening.

1 Ausgewählte Vorstudien

2, 3, 5 Übertragung der kleinformatigen Modelle in 1:1 Konstruktionen

4 Interdisziplinäre künstlerische Interpretation der Aufgabenstellung durch Studierende des Studiengangs Architektur und des Jazz-Instituts der UdK

1

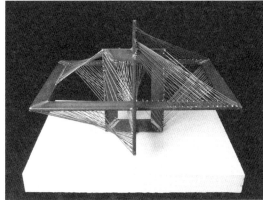

2

2

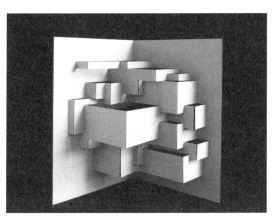

3

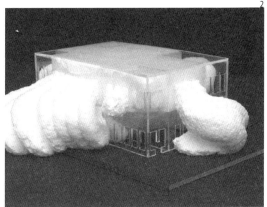

4

Sebastian Milank (nebenstehende Seite)
Maxie Schneider / Hans Martin Schlesier 1
Luise Marter / Anna-Lena Stoephasius / Sebastian Milank 2
Sebastian Milank / Richard Koschorreck / Anna-Lena Stoephasius 3
Reto Assisi 4

Die dargestellten Modelle zeigen Raumstudien aus dem Einführungsseminar des zweisemestrigen Vertiefungsentwurfs „Cone of Vision" im Winter- und Sommersemester 2012/13, die mithilfe digitaler Geometriemodellierung und computergestützten Fertigungstechnologien erstellt wurden. Die physischen Modelle thematisieren hierbei die neuen gestalterischen und geometrischen Möglichkeiten und bestehenden Begrenzungen eines digital basierten Entwurfs- und Darstellungsprozesses durch digitale und analoge Interaktion.

The presented models show the results of the introductory seminar of the yearlong studio course "Cone of Vision", which took place in the winter and summer term of 2012/13. The experiments materialize different space building strategies with the aid of contemporary digital geometry and fabrication. The physical models help the students to discover the potentials and limitations of a digitally-driven design and representation process through digital-analogue interaction.

Die Bilder zeigen Modelle des Entwurfsprojektes aus dem Sommersemester 2012, welches die Gestaltung eines Wissenschaftskollegs in Berlin zum Inhalt hatte. Entwickelt wurde diese Studien- und Forschungstypologie in den frühen 30er Jahren an der Hochschule in Princeton, USA. Das Projekt wurde durch ein begleitendes Seminar des Fachgebiets Architekturgeschichte und -theorie unter Leitung von Prof. Dr. Sven Kuhrau komplementiert, um eine Sensibilisierung der Studenten für historische Architekturquellen aus der Perspektive zeitgenössischer digitaler Entwurfsmethodiken zu entwickeln. Durch das im Entwurf praktizierte Verweben von historischen Quellen und moderner Technologie fand eine komplexere Lesung architekturhistorischer und -theoretischer Fragestellungen statt, die sich eines breiten Referenzrahmens unterschiedlicher Epochen bediente und so einer vereinfachenden Sichtweise auf die spezifische Wissensentwicklung in der Architektur entgegenwirkte.

The image shows different projects created in the studio course during the summer semester 2012. The subject of the course was the design of an institute for advanced studies in Berlin following a historic typology initially developed in Princeton, NJ, USA. The project was complemented by a seminar organized by Prof. Sven Kuhrau of the Chair of Architectural History and Theory, and was designed to enable the students to gain a sensibility for historical references within the context of contemporary design theory. This combination led to complex individual investigations of historical and contemporary theoretical questions, thus interlinking a broad spectrum of references and opposing a linear reading of the development of architectural knowledge.

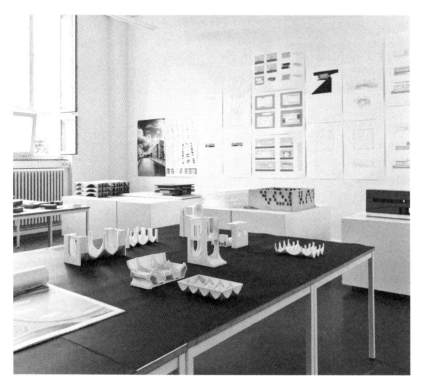

1

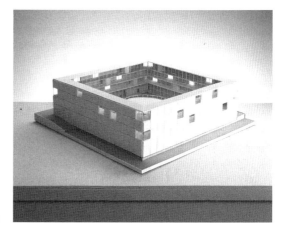

2

3

1   UdK Rundgang
2   Julian Meisen
3   Benedikt Breitenhuber / Sten Klaus
4   Anna-Lena Stoephasius / Katharina Bolle

4

Das Fachgebiet untersucht in seiner Forschungstätigkeit die innovativen architektonischen An-
wendungen additiver Fabrikationsverfahren zur digitalen Steuerung von Materialeigenschaften in
unterschiedlichen Maßstäben. Beispielhaft seien hier offenporige Zellstrukturen mit optimierter
Topologie genannt, die für druckbeanspruchte Konstruktionen in architekturnahem Maßstab
Anwendung finden sollen. Das Forschungsprojekt untersucht sinnvolle architektonische Anwen-
dungen und mögliche Darstellungsformen eines erweiterten Materialbegriffs und seiner davon
abgeleiteten Formgebung.
Das Fachgebiet publiziert darüber hinaus über den Einfluss digitaler Werkzeuge auf den Entwurs-
prozess und Möglichkeiten zeitgenössische CAD Didaktik.

The chair's main research area is centered on innovative architectural applications of additive
fabrication technologies for the creation of a digitally calibrated materiality on the meso- and
macro scales. The research conducted investigates tunable mechanical properties created
through cellular clusters with optimized topology in near architectural scale for compression-only
structures and represents digital workflows for such. The research investigates key areas of architectural applications and examines conceptual and modeling representations of an extended
performative materiality and their derived relation to architectural form giving.
Furthermore, the chair publishes work on the impact of digital tools on architectural design and
didactic methods for contemporary CAD teaching.

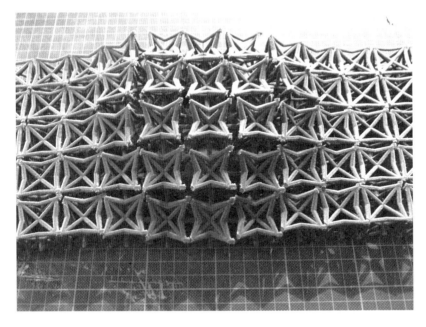

1

1 Additive Fabrikation elastischer Polymere mit digital kontrollierbaren mechanischen Eigenschaften
  Additive Fabrication of elastic polymeric materials with tuneable mechanical properties
2 Großformat 3D-Druck einer Kuppelstruktur aus Natursteingranulat
  Large scale 3D stone granulate print of a vault structure
3 CNC geschnittenes Modell einer topologieoptimierten Stütze mit offenporiger Innenstruktur
  CNC-milled model of a column with optimized topology and open cellular inner structure

2

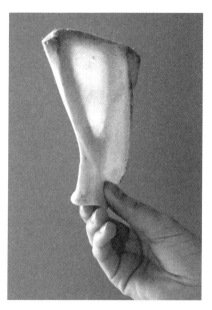

3

Konstruktives Entwerfen und Tragwerksplanung
Structural Design and Technology

Prof. Dr.-Ing. Christoph Gengnagel
Wissenschaftliche Mitarbeiter: Holger Alpermann,
Elisa Lafuente-Hernandez, Gregory Quinn, André
Sternitzke, Julien Nembrini, Hans-Georg Bauer
Tutoren: Ruth Hörter, Nora Noack, Steffen Samberger,
Till Zihlmann

Das Fachgebiet verfolgt in Lehre und Forschung ein transdisziplinäres Konzept. Ziel ist die Vermittlung eines ganzheitlichen Ansatzes im architektonischen Entwurf und seine Umsetzung in Forschungs- und Entwicklungsaufgaben. Die Wissensvermittlung in der Lehre umfasst in den ersten beiden Jahren die Wirkungsweise, Formgebung und Dimensionierung von Tragwerken im Hochbau, sowie Grundkenntnisse der wichtigsten Konstruktionsweisen in Holz, Stahl, Stahlbeton und Mauerwerk. Dabei sollen den Studenten neben den theoretischen Grundlagen vor allem die Freude am Konstruieren und Verstehen der Wirkungsweise von Strukturen vermittelt werden. Im dritten Jahr des Bachelorstudiums und im Masterstudium sind Spezialthemen der Tragwerksplanung Gegenstand der Vorlesungen. Seminararbeiten oder Entwurfsthemen bieten die Möglichkeiten das Grundlagenwissen zu vertiefen, erweitern und in eigenen Arbeiten kreativ anzuwenden.

Die Forschungstätigkeit des Lehrstuhls konzentriert sich auf Entwurf, Entwicklung und Analyse innovativer Material- und Konstruktionssysteme. Die Grundlage dafür ist die Verwendung digitaler Entwurfs- und Analysewerkzeuge und die prototypische Untersuchung der Anwendungsmöglichkeiten traditioneller und neuer Werkstoffe. Zielstellung ist die Entwicklung einfacher technischer Lösungen für komplexe Fragestellungen. Dabei ist die Einbeziehung der Projektarbeit der Studierenden in die Forschungsarbeit eine wichtige Inspiration für neue unkonventionelle Denkansätze.

The department adopts a transdisciplinary concept in its teaching and research. Our aim is to foster a holistic approach to architectural design through taught courses and application in research and development projects. The first two years of the bachelor course aim to equip students with a comprehensive understanding of the function, form and behaviour of structures in buildings as well as providing students with a fundamental knowledge of construction methods in timber, steel, reinforced concrete and masonry design. As well as learning the theoretical basics, above all students should develop a joy for architectural design and feel empowered by their knowledge of structural behaviour. In the third year of the bachelor course and in the masters' course, students are introduced to specialist structural topics in lectures. Seminars and design projects offer students the opportunity to deepen, develop and apply their knowledge to their own work.

The department's research team focuses on the design, development and analysis of innovative materials and structural systems. Our research team make use of advanced computational design and analysis tools which are calibrated by means of physical tests and prototypes. The aim is to develop simple technical solutions for complex problems. The integration of student projects with our research work plays an important role to help inspire unconventional and innovative ways of problem solving within the built environment.

„Fliegender Wechsel" - Temporärer Pavilion, Entwurf und Realisierung im Rahmen des Seminars Form / Material / Konstruktion 2008,
doppellagiges Nylonnetz in Kombination mit heliumgefüllten Ballons aus Metallfolie, 5.00 x 5.00 x 6.00m
„Fliegender Wechsel" - temporary pavilion, design and realisationa s part of the course Form / Material / Konstruktion 2008,
double layer nylon mesh in combination with helium filled balloons made of metallic foil, 5.00 x 5.00 x 6.00m

1   Prototype eines pneumatischen Überdachungssystems, M1:10, Seminar 2009 - Temporäres Wetterdach für den Innenhof der UdK Berlin
     Prototype of a pneumatic roof system scale 1:10, course 2009 - Temporary shelter for the inner courtyard of the UdK Berlin

Das Entwurfsseminars Form / Material / Konstruktion thematisiert Formfindung, Tragverhalten und Konstruktion von einfach
und doppelt gekrümmten Flächentragwerken sowie Analyse-
methoden und Realisierungsmöglichkeiten komplexer Konstruktionen. Die Wissensvermittlung erfolgt im ersten Teil des
Faches über Vorlesungen und in zweiten Teil im Rahmen von
Entwurfsworkshops durch die Entwicklung und Realisierung
eigener Prototypen.

Die Vorlesungsreihe vermittelt Grundlagenwissen zu Seilnetz-
und Membrantragwerken, Gewölben und Schalentragwerken
aus Mauerwerk, Beton und Stahlbeton. Im Weiteren bilden
Stabwerks- und Gitterschalen den Schwerpunkt der Vorlesungen ebenso wie Gastvorträge zur Konstruktionsgeschichte,
Computergestützten Formfindung und aktueller Forschung in
diesen Bereichen. Damit verbunden ist die Vorstellung mecha-
nischer Eigenschaften und Konstruktionsmöglichkeiten neuer
Verbundwerkstoffe wie Glasfaserverstärkter Kunststoff (GFK),
Kohlefaserverstärkter Kunststoff (CFK) und Naturfaserverstärk-
ter Kunststoffe (NFK) oder moderner Holzwerkstoffe (Engineered Timber).

The design seminar Form / Material / Detailing explores the
form finding, structural behaviour and detailing of singly and
doubly-curved shell structures as well as methods for their
analysis and implementation. The transfer of knowledge is
achieved in the first half of the course through lectures and in
the second half by means of developing and prototyping designs within the context of workshops.

The lecture series introduces students to tension structures
(cable nets and membranes) as well as compression structures
(vaults and shells made from masonry, concrete and reinforced
concrete). A further focus of the lectures is on gridshells. Guest
speakers will elaborate on topics such as historical construction, computer aided form finding and state of the art research
in this area. Related to this field is the exploration of composite
materials such as glass and carbon reinforced plastics, lami-
nated veneer lumber (engineered timber) and new natural fibre
composites.

2

1 Temporäre Membranüberdachung M 1:1
   Realisierung im Rahmen des Textile Roof Workshops (2012)
   Temporary textile membrane shelter scale 1:1
   Realisation as Part of the Textile Roof Workshop (2012)
2 Formfindung durch Arbeitsmodelle, Textile Roof Workshop (2012)
   Physical formfindung, Textile Roof Workshop (2012)
3 Formfindung Elastischer Gitterschalen (2013)
   Physical formfindung of Elastic Gridshells (2013)
4 Konstruktionsentwicklung einer Mauerwerksschale (2011)
   Detailing and formfinding of a masonry shell (2011)

3

4

5

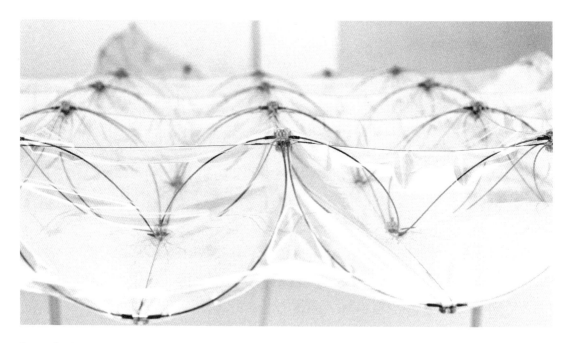

1   „Boden der Zukunft" - Prototyp eines Konstruktionssystems für einen ultraleichten mobilen Boden 2011, Teilnahme an der Ausstellung
     der Utzin Utz AG „Die Zukunft unter uns", die mehrfach ausgezeichnet wurde (red dot award 2012, German Design Award 2013)
     „Boden der Zukunft" - Prototype of a structural system for a ultra light weight mobile floor system 2011, part of the exhibition of the
     Utzin Utz AG „Die Zukunft unter uns" which receive many awards (red dot award 2012, German Design Award 2013)

Unter dem Begriff Active Bending wird die reversible Form-gebung von Tragelementen oder Systemen durch elastische Biegeverformung verstanden. Die Elemente und Systeme liegen in ihrer Ausgangsgeometrie in einem spannungsfreien Zustand vor. Die Zielgeometrie wird durch eine elastische Biegever-formung der Elemente oder des Systems erreicht, die eine Anfangsspannung in der Struktur erzeugt. Die Formgebung ist reversibel. Das Fachgebiet hat sich in mehreren Forschungspro-jekten mit den Anwendungs- und Entwicklungsmöglichkeiten dieser traditionellen Technik in Kombination mit Faserverstärk-ten Kunststoffen als Membrane oder Stäben beschäftigt. So entstanden neue hybride Tragsysteme wie z.B. membranver-steifte Stützen und Träger, „Der Boden der Zukunft", aber auch computergestützte Entwurfswerkzeuge- und methoden zur Formfindung, Optimierung und Strukturanalyse für die Entwick-lung anderer Konstruktionssysteme, die auf der Anwendung von Active Bending basieren. Diese Arbeit konzentriert sich derzeit vor allem auf Elastische Gitterschalen, ein Konstruktionstyp, bei dem die Vorzüge, Bauweise wie effizienter Materialeinsatz, große Formvielfalt, einfache und schnelle Montage, sehr gut ausgenutzt werden können. Gemeinsam mit Mathematikern der TU Berlin wurde unter anderem ein Optimierungswerkzeug zur Formfindung entwickelt und erfolgreich bei der Realisierung eines Prototypen mit 10m Spannweite getestet.

Active bending is a term used for the reversible shaping of structural elements or systems via elastic bending deformation. Before bending, the structural elements are in a stress free ini-tial state. The target geometry is achieved by means of elastic bending deformation which induces residual stresses in the structural elements. This shaping is reversible. The department has been actively involved in multiple research projects explor-ing opportunities for the development and application of this technology in combination with fibre reinforced membranes and beams. This has led to the discovery of new hybrid structur-al systems such as membrane restrained columns and beams, pneumatically membrane-restrained spatial systems („Boden der Zukunft") but also computer aided design tools for form finding, optimisation and structural analysis of systems based on active bending. Currently our work in this area focuses on elastic grid shells; structures which feature efficient material usage, large form variety as well as fast and simple erection. A form finding optimisation tool was developed together with mathematicians at the TU Berlin and tested successfully in the realisation of a 10m span prototype grid shell.

2,3   Probeaufbau einer elastischen Gitterschale mit einem unregelmäßigen Netz, 10m Spannweite, Rohrquerschnitte 20 x 2mm GFK (2012)
      Test erection of a elastic gridshell with a irregular mesh, span 10m, pipe section 20 x 2 mm GRP (2012)

3   4

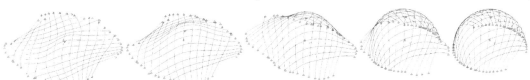

5

4   Entwurf für ein mobiles Planetarium, Anwendung einer elastischen Gitterschale in Kombination mit einer zweilagigen Unterdruckmembran
      Design for a mobile planetraium, application of a elastic gridshell in combination with a double layer membrane stabilized by vacuum
5   Computersimulation des Aufbauprozesses einer elastischen Gitterschale mit unregelmäßigem Netz
      Simulation of the erection sequenzes of a elastic gridshell with an irregular mesh

Erste Rundrohre aus NFK mit einem Durchmesser von 20mm, hergestellt am Faserinstitut Bremen e.V. im Rahmen des Forschungsprojekts
First round pipe made of NFRP with a crossection of 20mm, produced at the Faserinstitut Bremen e.V.

Pultrusionsprofile aus NFK haben ein hohes Anwendungspotenzial für Konstruktionssysteme, die das Prinzip des Active Bending nutzen. Hier bieten sie eine umweltfreundliche und nachhaltige Alternative zu bisher verwendeten Werkstoffen wie Holz , GFK, CFK und Aluminium. Insbesondere ihre Anwendung für Elastische Gitterschalenkonstruktionen eröffnen neue Möglichkeiten für die Entwicklung schnell errichtbarer leichter Tragwerke mittlerer Spannweite. Die gezielte Entwicklung dieser Anwendung bietet die Möglichkeit eines Technologietransfers in globale Märkte mit großen Produktionskapazitäten an schnell nachwachsenden Rohstoffen und einem hohem Bedarf an schnell errichtbaren und einfachen Konstruktionen. Im Rahmen eines durch die Fachagentur für nachwachsende Rohstoffe geförderten Kooperationsprojektes mit dem Faser Institut Bremen e.V. wurden pultrudierte Rundrohre aus Sisalfasern und einer biobasierten Matrix entwickelt. Inhomogenitäten in den hergestellten Profilen vermindern die erwartete Leistungsfähigkeit und bedürfen weiterer Untersuchungen, ebenso wie die Einsatzfähigkeit auch heimischer Fasern wie Flachs und Hanf und neuer verfügbarer Bioharzsystemen, sowie konstruktive Anpassungen der Profilgeometrie, um eine erfolgreiche Einsatz im Bauwesen zu ermöglichen.

Pultruded profiles made out of natural fibre reinforced bio-plastics (NFRP) offer a great potential for application in structural systems based on the principle of active bending. NFRPs offer a sustainable and environmentally friendly alternative to materials in use today such as glass and carbon reinforced plastics, timber and aluminium. Their potential application in elastic gridhsells in particular opens up new opportunities for the development of rapidly deployable, mid-span lightweight structures. Such focused developments present an opportunity for a technology transfer within global markets with access to large production capacities of rapidly renewable raw materials and a high demand for rapidly deployable lightweight structures. Within the frame of a cooperative with the Fibre Institute Bremen funded by the Agency for Renewable Resources, pultruded tubular profiles made out of sisal fibres and a bio-based resin were developed. Inhomogeneities in the profiles occurred during production and caused significant reductions in structural performance thus highlighting the need for further research. In order to achieve successful application in the built environment, further focal points for future research should explore the development and application of domestic fibres such as flax and hemp as well as new bio-resins and the optimisation of profile sections.

1

1   Pultrusionsprozess: Spulengatter / Führung und Vortrocknung der Fasern / Harzbad / Abziehen der Profile aus dem Pultrusionswerkzeug
     Pultrusion process: Bobbin creel / guiding and pre-drying of the fibres / resin bath / pulling of the fixed profile from the die

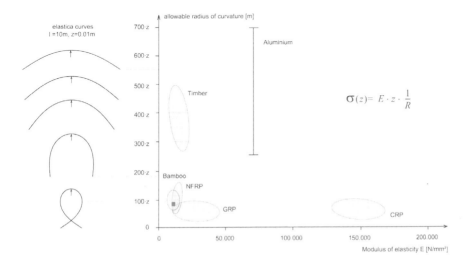

$$\sigma(z) = E \cdot z \cdot \frac{1}{R}$$

2

2   Materialeigenschaften in Abhängigkeit für den Einsatz von Active Bending einschließlich der Testergebnisse des Forschungsprojektes
     Material properties with respect to active bending including test values of the project.

3   Testaufbau einer Gitterschalen Moduls aus den hergestellten Rohren
     test arrangemental of grid shell modul made of the produced pipes

4   4-Punkt-Biegeprüfung der hergestellten Rohre nach plastischer Verformung
     4- point- bending test of the produced pipes after plastic deformation

1   Prototyp DERMOID III, Räumliches Stabwerk aus gesteckten, laser-geschnittenen Sperrholzstreifen, RMIT Australien (2013)
     Prototype of the DERMOID III, Spatial stucture of reversible jointed, laser- cutted laminated wood stripes, RMIT Australia (2013)
2   Experimente zur Ermittlung von lokalen Verformungen der Basiseinheit und Verifizierung unterschidlicher FE-Modelle zur Simulation
     Experiments for the analyses of local deflection of a basic unit and the verification of different FE-Models for the Simulation
3   Globales FE-Modell des gesamten Stabwerks
     Global FE-Model of the entire strcuture

Computergestützte Entwurfswerkzeuge ermöglichen Architekten die Erzeugung geometrisch komplexer Strukturen in relativ
kurzen Zeiträumen. Dabei werden in der Regel die Beurteilun-
gen der perfomativen Eigenschaften in Hinblick auf Tragverhalten oder klimatischen Eigenschaften stark vernachlässigt oder
erst sehr spät in den Entwurfsprozess mit einbezogen. Das Po-
tenzials des computergestützten Entwerfens - komplexe Fragestellungen durch integrierte Planungen mit einfache Lösungen
zu beantworten - wird nicht hinreichend genutzt. Aus diesem
Grund arbeitet das Fachgebiet unter den Begriffen „Rational
Sketching" und „Hybrid Prototyping" an der Entwicklung von
Simulations- und Analysewerkzeugen bzw. -methoden, die sehr
früh in den Entwurfsprozess komplexer Strukturen integriert
werden können und damit eine frühe integrative Planung
ermöglichen.

Architects are able to create geometrically complex structures
in a short period of time thanks to computer aided design tools.
As such, the structural and climatic performance qualities are
generally neglected or considered only at later stages of the
design process. The full potential for computer aided tools to
help solve complex design challenges with simple and efficient
solutions is rarely exploited fully. For this reason, our faculty is
working on the development of simulation and analysis methods within the framework of "Rational Sketching" and "Hybrid
Prototyping" which can be integrated into complex structural
projects at early stages of design.

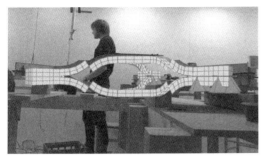 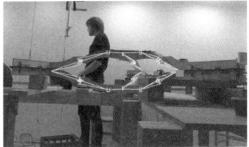

2

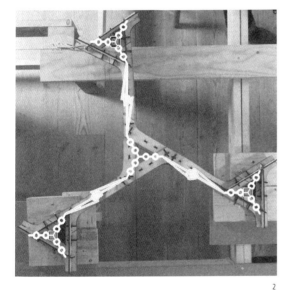

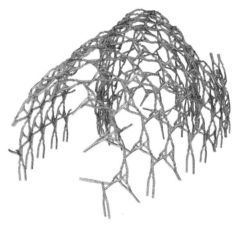

2   3

Im Rahmen des Kooperationsprojekts DERMOID, einer Zusam
menarbeit mit dem Centre for Information Technology and
Architecture (CITA) in Kopenhagen und dem Spatial Information Architecture Laboratory (SIAL) in Melbourne, wurde die
Methode des "Hybrid Prototyping" in mehreren Phasen eingesetzt und weiterentwickelt. Die DERMOID - Struktur untersucht
die Möglichkeit der computergestützen Formfindung und
Vorfertigung komplexer Geometrien aus einfachen Sperrholz-
platten. Ein weiteres wichtiges Kriterium für diese Arbeit war
der Einsatz einer reversiblen Verbindungstechnik. Um das
relativ komplexe lokale Tragverhalten des Stabwerks in seinen
Verbindungsknoten in der Simulation des Gesamtmodells
berücksichtigen zu können, wurden physische Tests an Grund-
segmenten ausgeführt. Die Ergebnisse dienten der Erzeugung
eines vereinfachten Gesamtmodells, das ohne großen Aufwand
ständig modifizierbar blieb und mit geringen Rechenzeiten
analysiert werden konnte.

The method of „Hybrid Prototyping" has been developed and
applied during multiple phases of a research project called Dermoid in collaboration with the Centre for Information Technology and Architecture (CITA) in Copenhagen and the Spatial

Information Architecture Laboratory (SIAL) in Melbourne. The
project explores the computer aided optimization, form finding
and production of complex structural geometries from laser-cut
plywood components. An important aspect was the criteria
for a reversible jointing system. In order to calibrate structural
simulation models in the computer, physical tests were car-
ried out on components of the structure. The results helped to
create an easily modifiable, simplified global analysis model
of the structure which was able simulate structural behavior
efficiently.

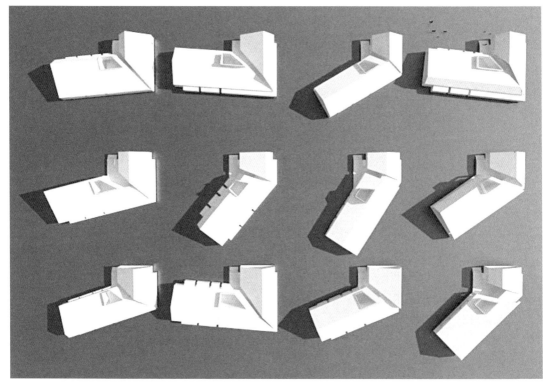

1   Entwurfsvarianten im parametrischen Modell eines Wohngebäudes   1
    design variants within the parametric model of a living house

Unter dem Titel „Rational Sketching" werden computergestütz-te Entwurfsansätze untersucht, die eine Entwicklung ortsspe-zifischer Architektur im Kontext klimatischer Bedingungen, Ressourcen, konstruktiver Ausführung, Form und Nutzung er-möglicht. Ausschlaggebend ist nach unserem Verständnis auch hier die Integration digitaler Entwurfs- und Analysewerkzeuge in die frühen Phasen des architektonischen Entwurfs. Hier wird die Performanz eines Gebäudes nachhaltig beeinflusst und die Möglichkeit geschaffen, klimatische Behaglichkeit mit einem Minimum an Gebäudetechnik zu erzeugen. Parametrisches Scripting, gekoppelt mit Modellen zur thermischen Gebäudesi-mulation, ermöglichen eine frühe Untersuchung und Bewertung neuer architektonischer und klimatischer Konzepte, um energe-tische Lösungen primär baulich-architektonisch zu entwickeln. Fachlich fundierte Entscheidungsfindung wird gefördert, indem die Komplexität des Gebäudeklimas im Zusammenhang von Entwurfsentscheidungen in einem reflexiven Prozess analysiert und in Handlungsstrategien übersetzt werden kann. Um Pra-xisanwendungen zu unterstützen, wird in der Forschung entwi-ckelte Software Open-Source zur Verfügung gestellt.

Under the title „Rational Sketching" faculty research is con-ducted on computational design methods, which allow to develop specific local architecture in the context of climatic conditions, resources, construction, form and use. In our under-standing, the integration of digital tools for design and analysis in the early architectural design process is crucial. Right here building performance is effectively constituted and the poten-tial for climatic comfort with a minimum use of building tech-nology created. Parametric scripting, coupled with models for thermal building performance simulation, allow early investiga-tion and evaluation of new architectural and climatic concepts, in order to develop solutions concerning energy primarily with architectural means. Decision making based on consoli-dated knowledge is supported, by analyzing the complexity of building climate in correlation to design decisions through a reflexive process, and translating these relations in design strategies. In order to support application within architectural practice, software developed within the research is provided open-source.

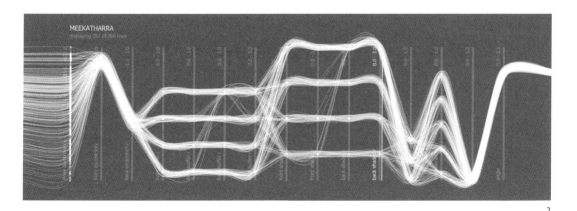

2

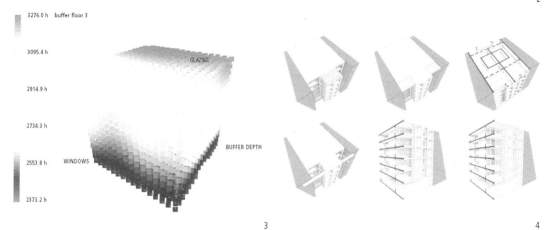

3

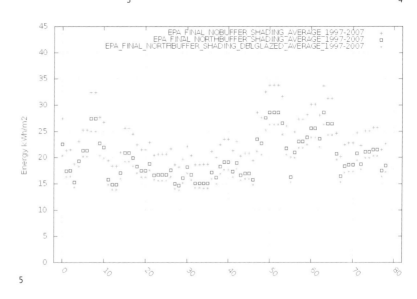

4

2 Visualisierung Parameterraum
   visualisation of parameter
   space
3 Komfortstunden in Abhängig
   keit von drei Parametern
   comfort hours in dependency
   of three parameters
4 Variablen im Simulationsmo
   dell eines Stadthauses
   variables in the simulation
   model of a city house
5 Vergleich Energieverbrauch
   von Entwurfsvarianten
   comparison energy use of
   design variants

5

Versorgungsplanung und Versorgungstechnik
Building Physics and Building Services Engineering

Prof. Dr.-Ing. Christoph Nytsch-Geusen
Wissenschaftliche Mitarbeiter:
Dr.-Ing. Farshad Nasrollahi, M.Sc. Katharina Mucha,
Dipl.-Ing. Alexander Inderfurth, Dipl.-Ing. Carles Ribas
Tugores, Dipl.-Ing. Werner Kaul
Tutoren: Alessandro Jänicke, Marinos Tsavolakis
wissenschaftliche Hilfskräfte in Drittmittelprojekten

Das Fachgebiet Versorgungsplanung und Versorgungstechnik (VPT) führt im Bachelor- und Master-Studiengang Architektur die Lehre in den Bereichen Bauphysik, energetischer Gebäudeentwurf und Gebäudetechnik durch.
In der Forschung werden die folgende Themen innerhalb verschiedener meist drittmittelfinanzierter Forschungsprojekte sowie Architekturwettbewerben mit Forschungscharakter bearbeitet:

- Energetische Modellierung von Gebäudesystemen mit Modelica
- Simulationsbasierter energetischer Entwurf von Gebäudesystemen mit unterschiedlich detaillierten und adaptiven Modellebenen
- Integration von energetischen Simulations- und Entwurfswerkzeugen in den Gebäudeplanungsprozeß
- Entwicklung von nachhaltigen Gebäudetypen
- Konzeption energetisch nachhaltiger Stadtquartiere

The chair for Building Physics and Building Services Engineering is responsible for teaching the subjects of building physics and energy-efficient design and services for the Bachelor and Masters architectural degree programs.
Our research is focused on the following topics and is pursued within the framework of mostly third-party funded research projects as well as architecture competitions with a research focus:

- The modeling of energy-efficient building systems with Modelica
- The design of simulation-based energy-efficient building systems with variably detailed and adaptive model levels
- The integration of energy-based design and simulation tools in the design process itself
- The development of sustainable building types
- The conception of energetically sustainable urban districts

Gebäudeentwurf Team rooftop, Wettbewerbsbeitrag Solar Decathlon Europe 2014
Building design by Team Rooftop, competition proposal for the Solar Decathlon Europe 2014

Lehre

Das Ziel der Lehre im Bachelor- und Masterstudiengang Architektur liegt in der Vermittlung von Methoden und Fachwissen zum energetischen Gebäudeentwurf und zur optimalen Integration der technischen Gebäudeausrüstung in den Baukörper. Hierbei werden sowohl geometrische, funktionale, gestalterische als auch ökonomische Aspekte berücksichtigt. Die Studenten der Architektur werden in die Lage versetzt versorgungstechnische Konzepte für die Heizung, die Klimatisierung, die Wasserver- und -entsorgung und die Stromversorgung von Gebäuden und Stadtquartieren zu erstellen. Sie werden befähigt im Gebäudeentwurf bauphysikalisch sinnvolle Lösungen bezüglich einzelner Gebäudekomponenten und des Gesamtgebäudes aufzufinden, für den Baukörper eine hohe Energieeffizienz zu erreichen und diese mit einer angepasst dimensionierten und hocheffizienten Gebäudetechnik zu kombinieren. Hierbei spielt auch die Nutzung erneuerbarer Energien, vor allem die Möglichkeiten der solaren Energieproduktion in den Fassaden und den Dachflächen von Einzelgebäuden als auch auf Stadtquartiersebene (Freiflächennutzung, zentrale Energiespeicherung) eine wesentliche Rolle.

Teaching

The goal of the curriculum for the bachelor and masters architectural degree programs is to provide students with the methods and specialized knowledge necessary to understand energy-efficient building design and the optimal integration of these building technologies in their own designs. Special attention is thereby paid to both geometric, functional and design-related aspects, as well as economic ones. Architecture students are required to develop building services systems for heating and cooling, water supply and disposal and the electrical supply of individual buildings as well as entire urban districts. To this end, they are provided with the necessary knowledge for the development of sensible solutions for individual building components and even entire building services systems in order to create highly energy-efficient buildings with correctly dimensioned and highly efficient building technologies. The use of renewable energy plays a significant role here, especially when it comes to solar power produced by building facades and the use of roof space, again for both individual buildings and entire city districts (i.e. open space usage and central energy storage).

BACHELOR-STUDIENGANG ARCHITEKTUR

BACHELOR DEGREE PROGRAM

Gebäudetechnik 1 (Modul 03: Konstruktion und Technologie I)

Die Lehrveranstaltung im 1. Studienjahr führt in die Grundlagen der Bauphysik und Gebäudetechnik ein. Hierzu werden zum einen die wesentlichen energetischen bauphysikalischen Effekte und Wirkungszusammenhänge in der Gebäudehülle diskutiert (Wärmetransportprozesse, Raumenergiebilanz) und zum anderen die wichtigsten Funktionen und Komponenten der Gebäudetechnik (Grundlagen der Heizungs- und Klimatechnik) erläutert. In der begleitenden Übung werden grundlegende Berechnungsverfahren zum Wärme- und Feuchteschutz und zur Ermittlung der Gebäudeheizlast vorgestellt. Daneben wird mit Hilfe einfacher Simulationswerkzeuge die Auslegung von versorgungstechnischen Anlagen (thermische Solaranlage, Fotovoltaikanlage) geübt.

Building technology 1 (Module 03: Construction and Technology I)

The course offered for the first year of study introduces the basics of building physics and building services. The most essential energetic effects of building envelopes are discussed (processes of heat transfer, energy balance of indoor spaces), as are the most important functions and components of building services engineering (the basics of heating and cooling technologies). The underlying calculation methods for heat and moisture protection as well as those for determining a building's heating load are the subjects of the accompanying tutorial. In addition, the design of building services systems (thermal solar collectors, photovoltaic systems) is further practiced with the aid of simple simulation tools.

Gebäudetechnik 2 (Modul 07: Konstruktion und Technologie II)

In der nachfolgenden Lehrveranstaltung im 2. Studienjahr werden die Themengebiete Bauphysik, energieeffiziente Gebäudeplanung und Heizungstechnik vertieft. An Hand ausgewählter konstruktiver Details werden Wärmebrücken analysiert und das Rechenverfahren zur Energieeinsparverordnung (EnEV) für Wohngebäude vorgestellt und angewandt. Die Studierenden erstellen innerhalb der begleitenden Übung einen einfachen energieeffizienten Gebäudeentwurf und planen eine solar unterstützte Heizungsanlage.

Building Technology 2 (Module 07: Construction and Technology II)

In the second year of study, the topics of building physics and energy-efficient building planning and heating technologies are expanded upon. Thermal bridges are analyzed by looking at specific constructive details, and the calculation methods for the German Regulations on Energy Saving (EnEV) for residential buildings are discussed and applied in simulations. The accompanying tutorial gives students the chance to create a simplified energy-efficient building design and plan a solar-powered heating system.

Gebäudetechnik 3 (Modul 11: Konstruktion und Technologie III)

In der Lehrveranstaltung im 3. Studienjahr werden vertiefende Kenntnisse für den energetischen Entwurf und die gebäudetechnische Ausstattung von Nichtwohngebäuden vermittelt. Ausgangspunkt hierzu stellt das zonierte energetische Nachweisverfahren der EnEV für Nichtwohngebäude dar, welches in einem Anwendungsfall exemplarisch angewandt wird. Im Hauptteil der Lehrveranstaltung werden die Themengebiete Raumluft- und Klimatechnik, natürliche Lüftung sowie Gebäudeleittechnik behandelt. In der begleitenden Übung werden neben analytischen und planungstechnischen Fragestellungen auch die Funktionen der Gebäudeklimatisierung (Heizen, Kühlen, Lüften) im physikalischen Experiment an einem thermischen Modellhaus studiert.

MASTER-STUDIENGANG ARCHITEKTUR

Klimadesign und Energieeffizienz (Modul 02: Konstruktion und Technologie)

In dem Seminar werden zunächst die Grundlagen für die Erstellung energieeffizienter Gebäudeentwürfe sowie Gestaltungs- und Bewertungsmethoden für ein behagliches Innenraumklima vermittelt. Danach wird die Vorgehensweise beim Erstellen von Gebäude-Energiekonzepten an Hand von Praxisbeispielen nachvollzogen. Als Entwurfshilfsmittel nutzen die Studierenden die Simulationswerkzeuge IDA ICE und Polysun zur energetischen Gebäude- und Anlagensimulation. Mit Hilfe dieser Simulationswerkzeuge erstellen die Studierenden im Seminar einen klimagerechten und energieeffizienten Gebäudeentwurf, bei dem ein definiertes Raumklima (Klimadesign) mit einem energetisch effizienten und ökonomisch sinnvollen Einsatz nichterneuerbarer und erneuerbarer Energieträger hergestellt werden soll.

Unterstützung Team Rooftop (Studentischer Wettbewerb Solar Decathlon Europe 2014)

Das Team rooftop (http://www.teamrooftop.de), bestehend aus einer interdisziplinären Gruppe von ca. 40 Studierenden der UdK Berlin und der TU Berlin, hat sich erfolgreich für den Solar Decathlon Europe 2014 in Versailles (Frankreich) qualifiziert. Das studentische Team entwirft, konstruiert und baut innerhalb eines 1:1-Projektes ein kleines Plusenergie-Wohngebäude, welches entsprechend dem Wettbewerbsthema „Städtebauliche Verdichtung" auf dem Dach eines Berliner Gründerzeitaltbaus aufgesetzt werden kann (siehe Bild 1). Der Berliner Wettbewerbsbeitrag wird sich im Sommer 2014 mit 19 anderen internationalen studentischen Teams im solaren Zehnkampf am Standort Versailles messen. Das Fachgebiet Versorgungsplanung und Versorgungstechnik unterstützt das selbständig arbeitende studentische Team gemäß den

Building Technology 3 (Module 11: Construction and Technology III)

In the third year of study, the focus lies on an expanded understanding of designing energy-efficient buildings and the technological configurations used for non-residential buildings. The starting point is EnEV's zoned energetic proof procedure for non-residential buildings, which is examined in a specific tutorial. The course's primary focus is on the fields of heating, ventilation and air-conditioning technologies (HVAC), natural ventilation and building control systems. In the accompanying tutorial, in addition to analytical and technical issues, the functions of building climate control (heating, cooling and ventilation) are studied in detail in a physical experiment utilizing a thermal model house.

MASTERS DEGREE PROGRAM

Climate Design and Energy Efficiency (Module 02:

Construction and Technology)

This seminar deals with the fundamentals for the development of energy-efficient building designs as well as design and assessment methods for comfortable interior climates. Following this, the steps taken in designing energetic concepts for building designs are examined by looking at specific examples. The software IDA ICE and Polysun are used by the students as design aids to produce simulations of energy-efficient buildings and systems. By using these simulation tools, the students are able to produce an energy-efficient building design adapted to the climate to which it will be subjected, and in which a designated indoor climate (climate design) can be achieved by the economic and sensible implementation of renewable and non-renewable energy sources and technologies.

Faculty Advisors for Team Rooftop (Student Competition for the Solar Decathlon Europe 2014)

Team Rooftop (http://www.teamrooftop.de) is comprised of an interdisciplinary group of around 40 students from the Berlin University of the Arts and the Berlin Technical University and has successfully qualified for the Solar Decathlon Europe 2014 in Versailles, France. The student team will design and build a small 1:1 plus-energy residential building, which in line with this year's competition theme „Urban density" can be assembled on top of an existing Berlin „Gründerzeit" residential building (see image 1). Berlin's competition proposal will be assessed in the Summer of 2014 along with 19 other international student teams in the solar decathlon at Versailles. In accordance with the rules of the competition,

Forschung

Die Optimierung des funktionalen Zusammenspiels zwischen Gebäudehülle und Gebäudetechnik spielt beim Entwurf und der Planung energieeffizienter Gebäude und Stadtquartiere eine zentrale Rolle. Hierfür müssen die dynamischen Prozesse wie der Wettereinfluss auf die Gebäudehüllen, die Wärme- und Feuchtetransportmechanismen innerhalb des Baukörpers, das Innenraumklima, das Betriebsverhalten der energietechnischen Anlagen sowie das Nutzerverhalten in ihrem Zusammenwirken grundlegend verstanden werden. Vor diesem Hintergrund haben die Forschungsarbeiten am Fachgebiet für Versorgungsplanung und Versorgungstechnik ihren Schwerpunkt in der Entwicklung von simulationsbasierten Methoden, Modellen und Werkzeugen für einen energieeffizienten Gebäudeentwurf, für die Analyse des bauphysikalischen Gebäudeverhaltens sowie für das energetisch-funktionale Verhalten der Gebäudetechnik. Durch die Forschungsarbeiten sollen die Werkzeuge zur energetischen Gebäude- und Anlagensimulation in die Entwurfs- und Planungsprozesse des Bauwesens auch besser integriert und leichter nutzbar gemacht werden.

Research

The optimization of the functional interaction between a building's envelope and its building services plays a leading role in the design and planning of energy-efficient buildings and urban districts. Before this can be achieved, one needs first to understand the complex interactions and effects of dynamic processes like the influence of weather on building envelopes, heat and moisture transport mechanisms within a building, the climate of a building's interior, the operational behavior of building energy systems as well as user behavior. With this in mind, our research is focused on the development of simulation-based methods, models and tools for the design of energy-efficient buildings, the analysis of the physical building behavior as well as the functional energetic behavior of building technologies. Through our research, tools for energy-efficient building and systems simulations are made more user-friendly and can thus be integrated much easier in the design and planning processes of the

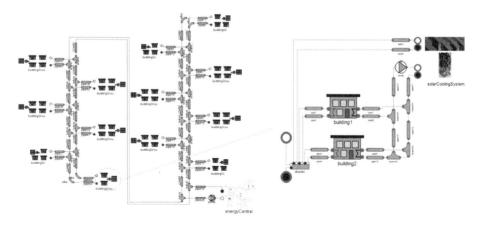

2   Modelica-Modell des Energieversorgungssystems eines Stadtquartiers
2   Modelica Model of the energy supply system of an urban district

Forschungsthema „Energetische Modellierung von Gebäudesystemen mit Modelica"

Ziel dieses Forschungsthemas besteht in der Entwicklung einer Modellbibliothek zur energetischen Gebäude- und Anlagensimulation auf Grundlage der Modellierungssprache Modelica. Mit der Bibliothek kann das bauphysikalische Verhalten, der Betrieb energietechnischer Anlagen sowie die Energieeffizienz eines einzelnen Gebäudes als auch von Stadtquartieren dynamisch berechnet werden (vgl. Bild 2). Weitere Informationen zur Modelica-Bibliothek BuildingSystems sind unter http://www.modelica-buildingsystems.de zu finden.

Research Topic "Energetic modeling of building systems with Modelica"

The goal in this area of research is the development of a model library for energy-efficient building and systems simulations on the basis of the Modelica modeling language. By using this library, the physical behavior of a building, the operation of energy-efficient systems as well as the energy efficiency of a building and even entire urban districts can be dynamically calculated (see image 2). Further information about the Modelica library BuildingSystems can be found at: http://www.modelica-buildingsystems.de.

Forschungsthema „Simulationsbasierter energetischer Entwurf von Gebäudesystemen mit unterschiedlich detaillierten und adaptiven Modellebenen"

Es wird eine übergeordnete Modellierungs- und Simulationsmethodik entwickelt, bei der energetische Gebäude- und Anlagenmodelle unterschiedlicher Abbildungsgenauigkeiten (0D, 1D, 3D) und Maßstabsebenen (Bauteil, Raum, Gebäude, Stadtquartier) zusammengeführt werden. Hierzu werden Simulationstechniken wie Mehrskalensimulation, Co-Simulation und adaptive Simulation (Modellstrukturdynamik) genutzt. Eine beispielhafte Anwendung dieses Ansatzes ist die Co-Simulation einer Gebäudeklimatisierung, bei welcher das Raummodell über ein detailliertes dreidimensionale CFD (Computational Fluid Dynamics)-Modell und die Luftheizung (Lufterhitzer, Luftkanalnetz, Ventilatoren, Regelung etc.) über

building industry.

Research Topic „The simulation-based energy-efficient design of building systems with variably detailed and adaptive model levels"

A higher level modeling and simulation method is currently being developed, in which energetic building and system models on differing levels of precision (0D, 1D, 3D) and scales (building element, interior room, building, urban district) can be combined. The simulation methods for multiple scale simulations, co-simulations and adaptive simulations (dynamic model structures) are used in combination in this new method. An exemplary use for this process would be the co-simulation of a building's air-conditioning system in which the room model utilizes a detailed 3-dimensional CFD model (Computational Fluid Dynamics), while the heating

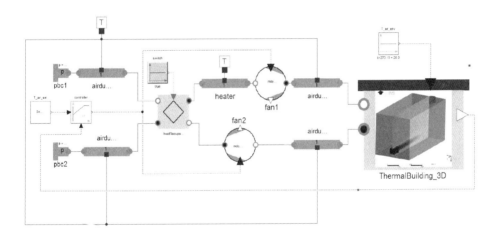

3   Co-Simulation eines Gebäudes (detaillierte CFD-Modell) und einer Luftheizung (vereinfachtes Modelica-Modell)
3   Co-simulation of a building (detailed CFD Model) and an air heater (simplified Modelica model)

vereinfachte null- und eindimensionale Modelica-Modelle berechnet werden (siehe Bild 3).

Forschungsthema „Integration von energetischen Simulations- und Entwurfswerkzeugen in den Gebäudeplanungsprozeß"

Innerhalb dieses Forschungsthemas werden Möglichkeiten zur effizienteren Integration der energetischen Gebäudesimulation in den Gebäudeplanungsprozeß erarbeitet. Hierzu werden u.a. die Verwendung von Simulationsmodellen zunehmender Komplexität für die einzelnen Schritte im Planungsprozeß untersucht, Algorithmen zur (halb-)automatischen Generierung von energetischen Simulationsmodellen (siehe Bild 4) aus den

system (air heater, air duct system, fans and controls, etc.) is calculated with simple 0 and 1-dimensional Modelica models (see image 3.)

Research Topic „Integration of energetic simulation and design tools in the building planning process"

Within this field of research we work out new possibilities for the efficient integration of energetic building simulations in the building planning process. Among other things, our study focuses on the use of simulation models of increasing complexity for the individual steps in the planning process, the implementation of algorithms for the (semi-) automatic

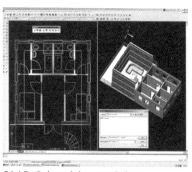

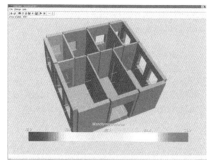

Modell-Trans-formation

CAAD-Gebäudekonstruktion   Thermisches Gebäudemodell

4   Generierung von thermischen Gebäudemodellen aus CAAD-Gebäudemodellen
4   Generation of thermal building models from CAAD building models.

digitalen Gebäudeentwürfen implementiert sowie Techniken zur interaktiven Simulationsanalyse entwickelt.

Forschungsthema „Entwicklung Nachhaltiger Gebäudetypen"

Dieses Forschungsthema befasst sich mit der Entwicklung energetisch nachhaltiger Gebäudetypen, vorwiegend aus dem Wohnungsbau. Die Entwicklungsarbeiten finden in Kooperation mit anderen Fachgebieten des Studienganges Architektur der UdK Berlin, zusammen mit Studierenden (z.B. Projekte Living Equia und rooftop der Wettbewerbe Solar Decathlon Europe 2010 und 2014) sowie mit externen Partnern aus dem Bauwesen statt (z.B. Projekte +++Energie und WOODCUBE, vgl. Bild 5). In diesem Kontext wird am Fachgebiet auch eine kleine tragbare mobile Versuchseinrichtung - das thermisches Modellhaus - entwickelt, mit dessen Hilfe grundlegende Effekte zur Gebäudeenergieeffizienz analysiert und Raumklima-Regelungs-

generation of energetic simulation models from digital building designs (see image 4), as well as the development of techniques for interactive simulation analysis.

Research Topic "Development of sustainable building types"

This topic deals with the development of energy-efficient sustainable building types, particularly in the case of residential buildings. Our work in this field is done in cooperation with other departments at the architecture school at the UdK Berlin, the students themselves (i.e. the Living Equia project and competition for the Solar Decathlon Europe 2010 and 2014) as well as with external partner organizations from the building industry (i.e. the projects +++Energie and WOODCUBE, see image 5). Within this context, a small and mobile test facility – the thermal model house – was developed by our department, which is used to analyze the fundamental

Thermisches Modellhaus   Living Equia (SDE 2010)   +++ Energie (Wettbewerb   WOODCUBE (Wettbewerb
                                                    Wohnen & Elektromobilität)   IBA Hamburg 2013)

5   Nachhaltige Gebäudetypen unterschiedlicher Größenskala
5   Sustainable building types in varying scales

strategien entwickelt werden können (siehe http://www.thermi-sches-modellhaus.de).

Forschungsthema „Konzeption energetisch nachhaltiger Stadtquartiere"

Dieses Forschungsthema beschäftigt sich mit der Entwicklung einer allgemeinen Methodik zur Konzeption energetisch nach-haltiger Stadtquartiere. Hierfür werden verschiedene Planungs-, Berechnungs- und Simulationsmethoden wie Planungsricht-linien, Geoinformationssysteme, energetische Gebäude- und Anlagensimulation, Co-Simulation etc. zusammengeführt. Die Methodik wurde innerhalb des städtebaulichen Projekts „Young Cities" (http://www.youngcities.org) entwickelt und zunächst für ein neu geplantes Wohnviertel im Iran mit ca. 2.000 Wohneinheiten angewandt (siehe Bild 6). Zur Zeit wird der Planungsansatz auf Stadträume in der Klimaregionen

effects concerning the energy efficiency of buildings and develop control strategies for interior climates. (http://www.thermisches-modellhaus.de).

Research Topic „The conception of energy-efficient and sustainable urban districts."

In this area of research, we are concerned with the develop-ment of a general method for the conception of energy-efficient and sustainable urban districts. Varying planning, calculation and simulation methods such as planning guide-lines, geoinformation systems, energy-efficient building and systems simulations, co-simulations, etc. are combined into one joint process. The methodology was developed within the framework of the urban design project "Young Cities" (http://www.youngcities.org) and was utilized for a newly planned urban district in Iran for around 2,000 residential units (see

Energy Supply System B:"Centralized Cogeneration / Local Solar Cooling"

Energy Central

CG Gas-Cogeneration plants

Small absorption chillers

STC Solar thermal collectors

Energy storages

HS Central heat storages

Energy distributor

— District heating net

Energy consumers

Residential houses

Office buildings

Educational buildings

Culture buildings

Religion buildings

6   Stadtquartier bezogenes Energiekonzept (Projekt Young Cities)
6   Urban district related energy concept (Young Cities project)

Deutschland (Projekte ATES und Open eQuarter) übertragen
und weiterentwickelt.
LAUFENDE FORSCHUNGSPROJEKTE

UCaHS - DFG-Forschergruppe 1736 „Urban Climate and Heat Stress in mid-latitude cities in view of climate change" (Laufzeit 2013 - 2016)

Innerhalb der DFG-Forschergruppe untersuchen Klimatolo-
gen, Stadtgeografen, Hydrologen, Mediziner, Ingenieure,
Bauphysiker, Stadt- und Landschaftsplaner, sowie Politik- und
Sozialwissenschaftler die Auswirkungen des Klimawandels
am Beispiel von Berlin. Im Zentrum der wissenschaftlichen
Arbeiten stehen die Risiken zunehmender Wärmebelastung
für den Menschen und verschiedene Minderungs- und Anpas-
sungsmöglichkeiten. Dazu gehören Maßnahmen zur Verbes-
serung des Innenraumklimas besonders vulnerabler Bevölke-
rungsgruppen sowie gebäudetechnische und stadtplanerische
Maßnahmen. Das Fachgebiet VPT beschäftigt sich im Teilpro-
jekt „Indoor simulations" mit der Entwicklung von simulati-
onsgestützten Methoden zur Bewertung des Hitzestresses in
Innenräumen, welche u.a. bei der vergleichenden Bewertung

image 6), Currently, this planning approach is being further
developed and utilized for urban areas within the climatic
region of Germany (the ATES and Open eQuarter projects).
CURRENT RESEARCH PROJECTS

UCaHS - DFG-Research Group 1736 „Urban Climate and Heat Stress in mid-latitude cities in view of climate change" (Project duration 2013 – 2016)

Within this research group of the German Research Foundation (DFG) climatologists, city geographers, hydrologists,
doctors, engineers, building physicists, urban and landscape
designers, and political and social scientists are studying the
effects of climate change on Berlin. The focus of the scientific
work is the risks of increasing thermal stress on humans and
different ways to reduce or adjust to these strains. These
include measures to improve interior climates in particular
for vulnerable groups as well as technical measures for building and urban areas. The department of building physics and
services engineering is involved in the project called "Indoor
simulations" and is developing a simulation-supported method of calculating heat stresses in building interiors, which

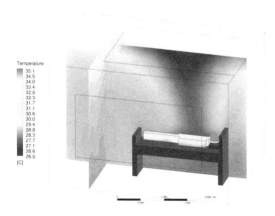

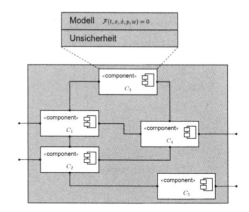

7   Simulation der Temperaturverteilung in einem klimatisier
    ten Patientenzimmer
7   Simulation of the temperature displacement in an air-
    conditioned patient's room

8   Modularisiertes Modelica-Systemmodell mit den Unsicher
    heiten in seinen Teilmodellen
8   Modularized Modelica system models with insecurities
    in individual components.

des Hitzestresses in nicht klimatisierten und klimatisierten Patientenzimmern angewandt werden soll (vgl. Bild 7).

AMSUN - DFG Verbundprojekt „Automatische Modellierung und Simulation von technischen Systemen mit Unsicherheit" (Laufzeit 2013 - 2016)

Innerhalb des DFG Verbundprojektes wird in Kooperation mit Partnern der Informatik und der Numerik der Technischen Universität Berlin eine neue Methodik und Notation zum systematisches Erstellen von modularisierten Modelica-Modellen von technischen Systemen mit hoher numerischer Effizienz entwickelt. Unter Ausnutzung des Wissens um den Modelltyp und die Modellgenauigkeiten (Unsicherheiten) für jede seiner Teilkomponenten (vgl. Bild 8) wird das Systemmodell durch eine neuen mehrstufigen Remodellierungsansatz und durch das adaptive Verfahren der Modellstrukturdynamik in numerisch deutlich schnelleres Ersatzmodell überführt, welches sich in seiner Genauigkeit nur geringfügig unterscheidet. Die neu entwickelte Methodik wird vom Fachgebiet VPT in der Anwendungsdomäne der energetischen Gebäude- und Anlagensimulation evaluiert,

among other things can be used to compare evaluations of heat stress in air-conditioned and non air-conditioned patient rooms (see image 7).

AMSUN - DFG collaborative research project „Automatic modeling and simulation of technical systems with insecurities" (project duration 2013 - 2016)

Within the framework of this DFG collaborative project and with partners from the departments of computer science and numerics at the Technical University of Berlin, a new method and notation system for the systematic creation of modularized Modelica models of technical systems with high numeric efficiency are being developed. By integrating knowledge of the model type and the precision of the model (insecurities) for each of its individual parts (see image 8), a new multiple step remodeling process and the adaptive process of model-structure dynamics are utilized to transform the system model into a numerical and much quicker replacement model, whose exactness differs only minimally. The use of this newly developed method in the areas of energy-efficient building and systems

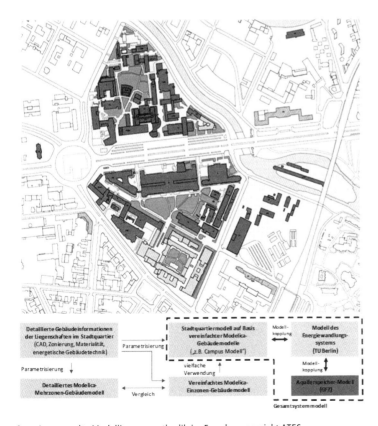

9   Angewandte Modellierungsmethodik im Forschungsprojekt ATES
9   Modeling methods utilized for the research project ATES

wobei die numerischen Eigenschaften der Remodellierung verifiziert werden.

ATES - Effizienz und Betriebssicherheit von Energiesystemen mit saisonaler Energiespeicherung in Aquiferen für Stadtquartiere (Laufzeit 2012 - 2015)

Im vom Bundeswirtschaftministerium geförderten Verbundprojekt aus TU Berlin, GFZ Potsdam und UdK Berlin soll ein standortunabhängiges Auslegungskonzeptes für saisonale thermische Aquiferspeicher zur Wärme- und Kälteversorgung von Stadtquartieren entwickelt werden. Dabei spielt insbesondere die betriebssichere Einbindung von Aquiferspeichern, die Weiterentwicklung der zugehörigen Anlagentechnik zur Wärmetransformation sowie die energetische Effizienz des Gesamtsystems eine zentrale Rolle. Das entwickelte Auslegungskonzept soll am Beispiel der Energieversorgung für die Liegenschaften des Hochschulcampus TU Berlin/UdK Berlin evaluiert und optimiert werden (siehe Bild 9). Das Fachgebiet VPT beschäftigt sich insbesondere mit der thermischen Modellierung des Gebäudebestands des Hochschulcampus.

Young Cities - Developing energy-effecient urban fabric in the Tehran-Karaj Region (Laufzeit 2008 - 2013)

Im vom Bundesforschungsministerium geförderten Verbundprojekt aus UdK Berlin, TU Berlin, FU Berlin und der Fraunhofer-Gesellschaft wurde in den letzten Jahren für eine New Town im Nord-Iran ein nachhaltiges Stadtquartier auf einem 35 ha Pilotgelände (ca. 2000 Wohneinheiten für 8000 Bewohner) zusammen mit einem iranischen Bauforschungsinstitut entwickelt. Das Fachgebiet VPT ist in diesem Projekt für die Konzeption verschiedener dezentraler, semi-zentraler und zentraler Energieversorgungssysteme verantwortlich (vgl. Bild 10). Die Nutzung erneuerbarer Energien spielt in diesem

simulation is being evaluated by our department, where we are currently in the process of verifying the numerical properties of the remodeling process.

ATES – Efficiency and operational security of energy systems with seasonal energy storage in aquifers for urban districts (project duration 2012 – 2015)

In this collaborative research project between the TU Berlin, GFZ Potsdam and the UdK Berlin and funded by the Federal Ministry of Economics and Technology, the goal is to develop a design concept for seasonal thermal aquifer storage of the heating and cooling supply for urban districts regardless of location. Of particular importance is the operationally secure integration of aquifer storage, the further development of the accompanying system technologies for the transformation of heat energy as well as the energy efficiency of the entire system. The design concept that has been developed will be evaluated and optimized based on the example of the energy supply for the TU and UdK Berlin university campus (see image 9). Our department is primarily concerned with the modeling of the existing building substance of the university campus.

Young Cities - Developing an energy-efficient urban fabric in the Tehran-Karaj Region (Project duration 2008 - 2013)

The collaborative project between the UdK Berlin, TU Berlin, FU Berlin and the Fraunhofer foundation, funded by the Federal Research Ministry and together with the Iranian building research institute has in the last few years been focused on the development of a sustainable urban district for a New Town in northern Iran on a 35 hectare pilot parcel of land (for roughly 2,000 residential units and 8,000 residents). Our department is responsible for the conception of a number of decentralized, semi-centralized and central energy supply systems

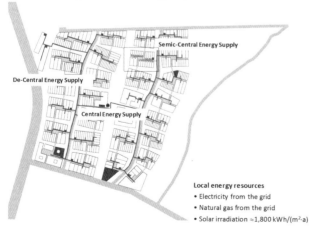

10   Entwicklung von Energieversorgungssystemen auf unterschiedlichen Skalen eines Stadtquartiers
10   The development of energy supply systems of differing scales for an urban district.

Kontext einen wichtigen Schwerpunkt.

Open eQuarter - Entwicklung eines Planungstool zur energetischen Quartierssanierung (Laufzeit 2013-2015)

Ziel des vom Bauministerium geförderten Forschungsvorhabens ist die Entwicklung eines Open-Source Analyse- und Planungstools zur energetischen Bewertung von Stadtquartieren und ihren energetischen Sanierungsmöglichkeiten (siehe Bild 11). Das neu entwickelte Planungstool wird vom Fachgebiet VPT zusammen mit einem Ingenieurbüro für Stadtplanung und in Zusammenarbeit dem Bezirksamt Neukölln (Sanierungsträger) entwickelt und soll an einem konkreten Wohnviertel, einem neu ausgeschriebenen Sanierungsgebiet in Berlin-Neukölln evaluiert werden.

EnEff-BIM - Planung, Auslegung und Betriebsoptimierung von energieeffizienten Neu- und Bestandsbauten durch Modellierung und Simulation auf Basis von Bauwerk-informationsmodellen (Laufzeit 2013 - 2016)

Im von Bundeswirtschaftministerium geförderten Verbundprojekt mehrerer deutscher Universitäten (RWTH Aachen, KIT, UdK Berlin) und der Fraunhofer-Gesellschaft sollen informationstechnische Methoden für die Planung, Auslegung und Betriebsoptimierung von energieeffizienten Neu- und Bestandsbauten entwickelt, getestet und Fachplanern zugänglich gemacht werden. Die Modellierung, Simulation und Betriebsoptimierung erfolgt auf Basis offener Bauwerkinformationsmodelle (BIM) mit dem Ziel, ausgehend von einem digitalen 3D-Planungsmodell einen durchgängigen Datenaustausch in der Fachplanung zu erreichen (vgl. Bild 12). Im Gegensatz zur Verfolgung einer Softwareeinzellösung wird hierbei gezielt auf den objektorientierten Modellierungsansatz von Modelica aufgebaut.

(see image 10). The use of renewable energy plays an important role in this context.

Open eQuarter – The development of a planning tool for energy-efficient district redevelopment (Project duration 2013-2015)

The goal of this research project funded by the Federal Building Ministry is the development of an Open Source analysis and planning tool for the energy efficiency of urban districts and possibilities for their energy-efficient redevelopment (see image 11). The newly developed planning tool is being developed in collaboration with an urban design engineering firm and the district of Neukölln (as redevelopment agency) and will be evaluated within a concrete residential district – the newly proposed redevelopment area in Berlin-Neukölln.

EnEff-BIM – Planning, design and operational optimization of the energy-efficiency of new and existing buildings through modeling and simulation on the basis of Building Information Modelling (BIM) (project duration 2013 - 2016)

In this collaborative project funded by the Federal Ministry of Economics and Technology, numerous German universities (RWTH Aachen, KIT, UdK Berlin) and the Fraunhofer Society, information technology methods for the planning, design and operational optimization of the energy-efficiency of new and existing buildings are being developed, tested and made accessible to specialists. The modeling, simulation and operational optimization takes place on the basis of building information models (BIM) with the goal of establishing a consistent method of exchanging information among specialists through the use of a digital 3D planning model (see image 12). In contrast to searching for a single software solution, we aim to build on the object-oriented modeling approach of Modelica itself.

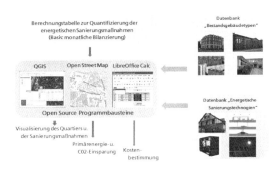

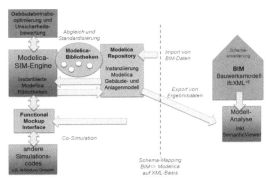

11   Methodischer Ansatz für das Berechnungswerkzeug im Projekt Open eQuarter

11   Methodological approach for the calculation tool of the Project Open eQuarter

12   Methodischer Ansatz für den Datenaustausch im Projekt EnEff-BIM

12   Methodological approach for the exchange of information in the EnEff-BIM project.

Gartenkultur und Freiraumentwicklung
Garden Culture and Landscape Architecture

Prof. Dr. phil. Gabriele Schultheiß
Tutorin: Anne Bruschke

Im Fach Gartenkultur und Feiraumentwicklung entfaltet sich die Lehre um die theoretische und praktische Ausgestaltung der Schnittmenge zwischen Architektur und Landschaftsarchitektur, die in der durch die - je eigene - Aufgabe der Raumbildung gesehen wird.

Der theoretische Zugang zum Thema erfolgt durch die Auseinandersetzung mit Geschichte und Theorie der Raumbildung in Gartenkunst und Landschaftsarchitektur in Seminaren und Vorlesungen. Erkenntnistheoretische Prämisse ist die Idee des Raumes als sozio-kulturelle Konstruktion.

Die Re-Konstruktion epochetypischer Raumkonzepte in Gartenkunst und Landschaftsarchitektur öffnet den Blick auf je zeitgleiche raumästhetische Paradigmen in Architektur und Kunst und auf die Funktion dieser Raumideen als Medium der Vermittlung außerästhetischer, im weitesten Sinne gesellschaftlicher Erfahrungen in die künstlerische Form.

Der praktische Zugang zur Landschaftsarchitektur wird durch konkrete Entwurfsarbeit eröffnet, die eine praktisch begründete Idee von Unterschieden und Gemeinsamkeiten zwischen architektonischer und freiraumarchitektonischer Raumbildung vermitteln soll. Die städtebauliche Akzentuierung der Entwurfsaufgaben erleichtert es Studierenden der Architektur, den entwurflichen Zugang zum freien, zum Himmel hin offenen Raum zu finden.

The department of Garden Culture and Landscape Architecture is concerned with the theoretical and practical intersection of architecture and landscape architecture, each of which is viewed according to its unique approach to spatial design.
The theoretical approach to the subject matter is concerned with the history and theory of spatial design in garden art and landscape architecture in seminars and lectures. The epistemological premise is the idea of space as a socio-cultural construct. The reconstruction of epochal spatial concepts in garden art and landscape architecture widens one's understanding of contemporaneous spatial paradigms in architecture and art, and the role these ideas played in conveying in the broadest sense social experiences into form.
The practical side of landscape architecture is approached with concrete design projects the goal of which is to make clear the differences and commonalities inherent in spatial design as practiced by architects and landscape architects. By emphasizing the urban planning aspects of the design process, a bridge is created for architecture students to space without a roof and open to the sky.

Prof. Dr. Gabriele Schultheiß
studierte Germanistische Literaturwissenschaft, Kunstgeschichte, Philosophie, berufstätig als Kuratorin zeitgenössischer Kunst;
studierte Landschaftsplanung, berufstätig als Landschaftsar-
chitektin; hält seit 2009 das Fachgebiet als Gastprofessorin.
Forschungsschwerpunkte sind Theorie und Geschichte der
Gartenkunst und Landschaftsarchitektur der islamischen Kultu-
ren, der Frühen Neuzeit, der Moderne.

Prof. Dr. Gabriele Schultheiß
studied german language and literature studies, art history, philosophy, used to work as curator of contemporary art; studied
landscape architecture, currently working as a
landscape architect; since 2009 visiting professor at the chair.
Focus of research is theory and history of garden art an landscape architecture of islamic cultures, Early Modern Age, and
modernity.

Das Erkenntnisziel des theoretischen Teils der Lehre ist es, die
Gärten im Allgemeinen und im Besonderen einzelner Gärten
für die Studierenden als hochkomplexe Kunstwerke erkennbar
und lesbar werden zu lassen, in denen der – über das Weltbild
des jeweiligen Künstlers und seines Auftraggebers vermittelte
– gesellschaftliche, politische und kulturelle Problemhorizont
ihrer Entstehungszeit ästhetisch reflektiert wird. Die Etappen
des Erkenntnisweges sind die Rekonstruktion der sozio-ökono-
mischen Vermitteltheit der jeweiligen Bauaufgabe, die Analyse
ihrer Materialisierung unter der Form konkreter Raumstrukturen
und kompositioneller Entscheidungen sowie der semantischen
Ausdeutung dieser Strukturen durch die ikonographischen
Programme.

The aim of the theoretical side is to present gardens in general
– and specific examples in detail – as highly complex works of
art – and to provide students with the ability to read them visually. The gardens are reflected on aesthetically in regards to the
cultural, political and social context in which they were created
as conveyed through the weltanschauung of both the artist and
the client. The steps in this process include: the reconstruction
of the socio-economic background of each project, an analysis
of its materialization with special attention paid to the shape
of its concrete spatial structure and compositional decisions,
as well as an interpretation of its semantics and iconographic
meanings.

**Figur oder Grund: Die Funktion des Freiraums
in der Entwicklung der Städte**
Collage City revisited: Fragment und Kontext; Team X: Against
formulae, against formalism; A. und P. Smithson: As found &
conglomerate order; Rem Koolhaas: Das programmatische
Potential des Rasters; Zwischenstadt: Anästhetik oder Poesie
(der Peripherie)?; Shrinking Cities : Perforierte Städte; Charles
Waldheim: landscape urbanism (Theorie); landscape urbanism
(Praxis)

Figure or Ground: The purpose of open space in the development of cities
Collage City revisited: fragment and context; Team X: Against
formulea: against formalism; A and P Smithson: As found &
Conglomerate Order; Rem Koolhaas: The programmatic potential of the grid; Sprawl city: anaesthetic or poetry (of the periphery)? Shrinking cities: perforated cities; Charles Waldheim;
landscape urbanism (theory); landscape urbanism (in practice)

Der Garten als Raum als Bild als Text
Einführung: Ideelle und formale Aspekte der geometrischen
Gärten in Italien und Frankreich im 16. Und 17. Jhd.; Die Gärten
der Villa d'Este in Tivoli; Die Gärten in Vaux le Vicomte; Die
Gärten von Versailles; Einführung: Von „natural" zu „pictu-
resque": Die Bildwerdung „wilder Natur" in Theorie und Praxis
des englischen Landschaftsgartens; Die Gärten von Stowe und
Stourhead: Das Schöne; Kew Gardens: William Chambers und
das schreckliche Erhabene; Der Garten von Ermenonville und
Rousseau; Little Sparta: „Arkadische Idylle und ästhetischer
Terror; Parc de la Villette: Cinegramme Folie

The garden as space, as image, in words
Introduction: Ideal and formal issues of geometric gardens in
Italy and France in the 16th and 17th century; The gardens of
the Villa d'Este in Tivoli; The gardens of Vaux le Vicomte; The
gardens of Versailles; Introduction: from „the natural" to „the
picturesque": The depiction of „wild nature" in theory and
practice in the English landscape garden; Gardens of Stowe and
Stourhead: The beautiful; Kew Gardens: William Chambers and
the dreadfully sublime; The gardens of Ermenonville and Rousseau; Little Sparta: Arcadian idyll and aesthetic terror;
Parc de la Vilette: cinegram sheet

Haus und Hof _ Innen und Außen

Katsura-Villa + Ryoan-ji, Kyoto; Darwin D. Martin House +
Kaufman House Fallingwater _ Frank Lloyd Wright; Fondazione
Querini-Stampalia + Casa Ottolenghi _ Carlo Scarpa; Patio
de Comares + Patio de los Leones, Alhambra, Granada; Casa
Barragan + Casa Prieto Lopez + Los Cubes _ Luis Barragan;
Cortile del Belvedere _ Bramante + Villa Madama _ Raffael +
Villa Giulia _ Giacomo Barozzi da Vignola; Palais Royal, Paris _
J. Lemercier; Villa Tachard, Paris _ Emile Legrain + Villa Noailles,
Hyères_ Gabriel Guèvrekian; Haus Muthesius + Haus Cramer
_ Hermann Muthesius; Barcelona Pavillon + Haus Tugendhat
+ Farnsworth House _ Mies van der Rohe; Kaufman House +
Tremaine House _ Richard Neutra

House and yard _ Interior and exterior
Katsura-Villa + Ryoan-ji, Kyoto; Darwin D. Martin House +
Kaufman House Fallingwater _ Frank Lloyd Wright; Fondazione
Querini-Stampalia + Casa Ottolenghi _ Carlo Scarpa; Patio
de Comares + Patio de los Leones, Alhambra, Granada; Casa
Barragan + Casa Prieto Lopez + Los Cubes _ Luis Barragan;
Cortile del Belvedere _ Bramante + Villa Madama _ Raffael +
Villa Giulia _ Giacomo Barozzi da Vignola; Palais Royal, Paris _
J. Lemercier; Villa Tachard, Paris _ Emile Legrain + Villa Noailles,
Hyères_ Gabriel Guèvrekian; Haus Muthesius + Haus Cramer _
Hermann Muthesius; Barcelona Pavillon + Haus Tugendhat
+ Farnsworth House _ Mies van der Rohe; Kaufman House
+ Tremaine House _ Richard Neutra

**Tradition und Innovation in der
Gartengeschichte der Moderne**
Der Moderne Garten als künstlerisches Experiment: Emile
Legrain + Gabriel Guèvrekian; Natur als Bild und Folie: Le
Corbusier; Funktion und Schönheit im Garten der Moderne: C.
Th. Sorensen + Roberto Burle Marx; Metaphysik und Schönheit
im Garten der Moderne: Luis Barragan + Isamu Noguchi; Der
Moderne Garten als Signet des amerikanischen Lebens: Fletcher
Steele + Christopher Tunnard als Wegbereiter; California style
I _ Der Moderne Garten als Außen des Innenraums: Thomas D.
Church + Richard Neutra; California style II _ Öffentliche Gär-
ten und Räume als Bühnen sozialen Lebens: Garrett Eckbo +
Lawrence Halprin; Die Lehren der Tradition: Dan Kiley als mo-
derner Klassizist; Der postmoderne Park _ Dekonstruktion und
Anverwandlung: Bernard Tschumi + Allain Provost; Der postmo-
derne Park _ Die Rückkehr der Bedeutung: Charles Jencks

Tradition and innovation in the history of modern gardens
The modern garden as an experiment in art: Emile Legrain +
Gabriel Guèvrekian; Nature as an image and as a layer: Le
Corbusier; Function and beauty in the modern garden;
C. Th. Sorensen + Roberto Burle Marx; The metaphysical and
the beautyful in the modern garden: Luis Barragan + Isamu
Noguchi; The modern garden as a trademark of the american
life: Fletcher Steele + Christopher Tunnard as pioneers; Califor-
nian style I _ The modern garden as exterior of interior space:
Thomas D. Church + Richard Neutra; Californian Style II _
Public gardens and spaces as stages of social life: Garett Eckbo
+ Lawrence Halprin; The lessons of tradition: Dan Kiley as a
modern classicist; The postmodern parc _ Deconstruction and
adaptation: Bernard Tschumi + Allain Provost; The postmodern
Park _ return of meaning: Charles Jencks

Park Platz Parkplatz oder Über die Formen des Freiraums der Stadt

In den Entwurfsseminaren beschäftigen wir uns vorzugsweise mit städtischen Freiräumen, die keine durch Baumassen bereits eindeutig definierte Figur haben, sondern zu den Rändern hin aufgelöst und durchlässig sind, sei es infolge einer freiplastischen Verteilung der Baukörper im Sinne der Offenen Bauweise, sei es wegen urbanistischer Mängel innerhalb des städtischen Gewebes. Auf diese Weise, ohne gestalthafte Vorgaben, sind die Studenten aufgefordert, auf einer scheinbar brachen Fläche ausschließlich mit den Mitteln der Freiraumarchitektur einen Raum zu entwickeln, der zum Himmel hin offen ist. Eine zweifellos herausfordernde Übung, um auf dem kürzeren Weg die elementaren Unterschiede zwischen der architektonischen und der landschaftsarchitektonischen Raumbildung kennenzulernen.

1

Park square carpark or About the shapes of urban open space

The preference during the design projects is to deal with urban landscapes with undefined figures which have dissolving and permeable edges and are not determent by building mass. This may be as a result of an open way of building or caused by urban defects. In this way, by lacking a figurative parameter, the students are asked to work with a seemingly fallow space, and all they have are the instruments of landscape architecture. No doubt a challenging task, but also a quick way to find out the differences in creating spaces in landscape architecture and architecture.

2

1   Kulturforum, Berlin
      Clemens Vogel, Tom Schöps
2   Kulturforum, Berlin
      Anna- Sophie Hein,
      Sarah Herfurt,
      Carina Kitzenmaier
3   Lehninerplatz, Berlin
      Jan H. Lüttjohann, Sten Klaus   3

4

4   Ernst-Reuter-Platz, Berlin
    Benjamin Bosse, Georg Hana
5   Ernst-Reuter-Platz, Berlin
    Johannes Arolt, Eric Gößwald

5

Transformation TXL. Vom FLugfeld zum Lebensraum
Transformation TXL. From an Airport to Living Space

1

1 Tegeler Mark
  Thomas Back, Felix Koch
2 Kontur Wandlung
  Johannes van Suntum,
  Felix Findeiß

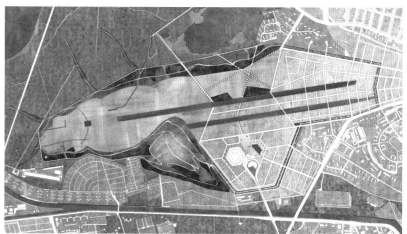

2

Science City. Offener Campus (TU Berlin)
Science City. The open campus (TU Berlin)

3   Campus City West
     Jenna Klupsch,
     Martin Behrens

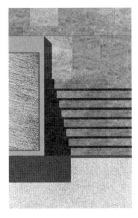

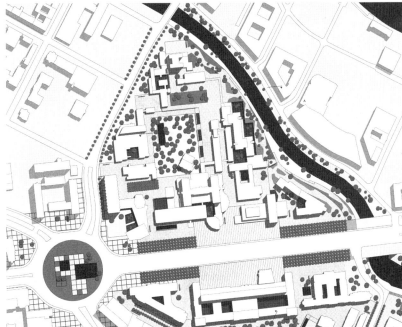

Kunst- und Kulturgeschichte
Art and Cultural History

Prof. Dr. Susanne Hauser
Wissenschaftliche Mitarbeiter: Lutz Hengst M.A.,
Roland Meyer M.A.
Affiliates: Dr. Nathalie Bredella, Dr. Saskia Hebert
Tutoren: Julian Meisen, Muriel Merkel, Clemens Vogel

Architektur, Stadt- und Landschaftsentwicklung stehen heute unter den Bedingungen eines schnellen ökonomischen und technischen Wandels, der die sozialen Räume, in denen wir leben, permanent in Frage stellt. Das Wissen um experimentelle und Avantgardepraktiken der Kunst, um kulturgeschichtliche Zusammenhänge und kulturwissenschaftliche Konzepte kann das Verständnis von neuen raumbezogenen Fragestellungen unterstützen und Optionen für eine sozial wie ästhetisch nachhaltige Architektur eröffnen.

Fünf Aspekte der Kunst- und Kulturwissenschaften sind für die Lehre des Fachgebiets bestimmend: Geschichte und Theorien der Kultur, der bildenden Kunst, der Medien und der Technik, Raumtheorien sowie allgemeine Ästhetik. Zentral ist bei allen in der Lehre vorgestellten Themen der Bezug auf den architektonischen und städtebaulichen Entwurf.

Ziel der Forschungen im Fachgebiet ist die Entwicklung und weitere Konturierung des kulturwissenschaftlichen Beitrags zu der sich derzeit entwickelnden Architekturwissenschaft. Aktuelle und bereits abgeschlossene Projekte untersuchen das Entwerfen als Kulturtechnik, das Wissen der Architektur sowie die Ästhetik der Stadt und der Landschaft. Sie zielen auf die Unterstützung der Praxis des Entwurfs und auf die Entwicklung partizipativer Formen der Gestaltung.

Today architecture, urban structures and landscapes are subject to rapid economic and technological change. Thus the social spaces we live in are constantly called into question. Concepts developed in the humanities, a profound knowledge of cultural history including social and economic history and the discussion of traditional and experimental practices in the arts add to our understanding of space-related questions in general and may contribute to the development of proposals for a socially and aesthetically sustainable architecture.

There are five main aspects reflected in the teaching of the chair of art history and cultural studies: the history and theory of culture, of fine arts, media, technology and aesthetics. A central concern is the contribution of these subjects to planning and drafting processes and especially to our student's design projects.

Cultural studies and the history and theory of culture contribute to the currently emerging studies in architecture including both approaches from the sciences and the humanities („Architekturwissenschaft"). The aim of our research is to substantiate some of the basic notions of this new approach and to contribute to its further devopment. Research projects have been covering a wide range of topics such as design as a cultural technique, the knowledge of architecture, the perception of cities and landscapes and its impact on planning processes.

Foto: Jochen Jürgensen

Buchpräsentation „Architekturwissen" in der Buchhandlung pro qm, Berlin, Mai 2013
Book presentation „Architekturwissen" at the book shop pro qm, Berlin, May 2013

Lehre und Forschung

Architektur und Kulturwissenschaft

Architektinnen und Architekten arbeiten heute in unterschiedlichsten Maßstäben und auf verschiedensten Feldern.
Das Spektrum ihrer Aufgaben reicht von der Planung großer
Infrastrukturen und dem Entwurf ganzer Städte bis hin zu
temporären Interventionen im Stadtraum und der Entwicklung
von Nutzungskonzepten für obsolete Bauten. Auch widmen sich
Architektinnen und Architekten verstärkt Feldern jenseits des
Bauens; sie kuratieren Ausstellungen, entwickeln Computer-
spiele, konzipieren Designstrategien für Firmen und Städte oder
beraten Investoren und Politikerinnen. Sie reagieren damit auf
ökonomische und technologische Bedingungen und Chancen,
die das Berufsbild allmählich modifizieren.

Eine Theorie für die architektonische Praxis, die dem heteroge-
nen Aufgabenfeld entsprechen will, muss von einem Architek-
turbegriff ausgehen, der den gemeinsamen Kern der Tätigkeiten
erfasst und über das Bauen und das Gebaute hinausweist.
Er ist darin zu sehen, dass Architektur Situationen einrichtet,
Materialflüsse und Kommunikationsprozesse lenkt und darüber
die Verteilung und Wahrnehmbarkeit von Körpern, Dingen und
Praktiken bestimmt. Diese Auffassung zielt über die Auseinandersetzung mit architektonischen Objekten hinaus auf die
sozialen, kulturellen, ökonomischen und politischen Prozesse im
Vor- und Umfeld des Bauens, auf Prozesse des Gebrauchs, der
Aneignung und Transformation gebauter Strukturen, wie auf
weitere Praktiken, die im weitesten Sinne der Einrichtung von
Situationen und Räumen dienen.

Für Architektinnen und Architekten bieten die Kulturwissenschaften ein Reservoir an Perspektiven und Theorien zur Reflexion der eigenen Praxis wie zur Verständigung über aktuelle
Herausforderungen der Architektur. Von Interesse sind beispielsweise kulturwissenschaftliche Konzepte des Raumes, Forschungen zu materiellen und symbolischen Praktiken, zur Geschichte
des Körpers und der Wahrnehmung, zur Theorie und Geschichte
der Medien und Kulturtechniken, zu Formen des kulturellen
Gedächtnisses wie zur Konstruktion sozialer Identitäten.

In der Lehre der letzten Jahren haben Susanne Hauser, Christa
Kamleithner und Roland Meyer einige dieser Fragen thematisiert, unter anderem in Lehrveranstaltungen zur Geschichte
der Wahrnehmung, zur ästhetischen Theorie, zum Gebrauch
von Dingen und Architekturen, zur Beziehung von Identitäten
und Städten sowie zum Verhältnis von Architektur und Medien.
Lehraufträge unter anderem zur Semiotik der Architektur (Sabine Ammon) und zur Improvisation (Christopher Dell) haben
weitere kulturwissenschaftliche Aspekte in die Lehre eingeführt.

Teaching and Research

Architecture and Cultural Studies

Contemporary architects work on a variety of scales and in
many different professional fields. The spectrum of their tasks
ranges from the planning of large infrastructural projects and
the design of new cities to temporary interventions in urban
space and the development of new concepts for the use of
obsolete buildings. Architects also increasingly explore fields
beyond building: they curate exhibitions, develop computer
games, prepare design strategies for companies and cities or
work as consultants to investors and politicians. Thus, reacting
to the present economic and technological conditions that are
modifying the profile of the profession.

An adequate theoretical approach to describe today's architectural practice must take the heterogeneity of these tasks into
account. Its basis must be an extended notion of architecture,
which considers the common core of activities architects are
involved in while going beyond building and the built object
themselves. For instance, architecture arranges situations,
directs the flows of materials and processes of communication,
and determines the distribution and perceptibility of spatial
bodies, things and practices. Such an understanding of architecture goes beyond a focus on buildings and built objects to
include the manifold social, cultural, economic and political
processes and conditions shaping the building process, its relationship to a variety of cultural phenomena, the forms of use,
appropriation and transformation of built structures including
the creation and organization of spaces and situations.

For architects today, cultural history and theory offer a reservoir of conceptual frameworks and vantage points to further
reflection of one's own practice while increasing awareness of
contemporary challenges in the field of architecture. Of particular interest are cultural theoretical concepts of space, research
on material and symbolic practices, on the history of the body
and its perception, the theory and history of media and cultural
techniques, studies on the forms of cultural memory and on the
construction of social, ethnic and gendered identities.

In the previous years, Susanne Hauser, Christa Kamleithner and
Roland Meyer have explored these issues in their teaching,
for example in courses dealing with the history of perception,
aesthetic theory, the use of architecture and objects, the relationship between identity and cities, as well as that between
architecture and media. Lecture positions for topics like the
semiotics of architecture (Sabine Ammon) and the concept of
improvisation (Christopher Dell) have introduced new topics
of cultural history and theory to the range of courses already
offered.

Publikation Publication

**Architekturwissen.
Grundlagentexte aus den
Kulturwissenschaften**

Band 1: Zur Ästhetik des sozialen Raums
Band 2: Zur Logistik des sozialen Raums

Susanne Hauser, Christa Kamleithner, Roland Meyer

Susanne Hauser,
Christa Kamleithner,
Roland Meyer (Hg.)
Architekturwissen.
Grundlagentexte aus den
Kulturwissenschaften
Zur Ästhetik des
sozialen Raumes

[transcript]

Susanne Hauser,
Christa Kamleithner,
Roland Meyer (Hg.)
Architekturwissen.
Grundlagentexte aus den
Kulturwissenschaften
Zur Logistik des
sozialen Raumes

[transcript]

Unter dem Titel „Architekturwissen" sind 2011 und 2013 die zwei Bände einer Anthologie erschienen, in denen Susanne Hauser, Christa Kamleithner und Roland Meyer Grundlagentexte aus den Kulturwissenschaften versammelt und im Hinblick auf aktuelle Aufgaben der Architektur kommentiert haben. Architektur präsentiert Körper, Dinge, Zeichen und Praktiken, bringt sie zur Erscheinung und macht sie wahrnehmbar. Die damit verbundenen Fragen umreißen das Feld einer „Ästhetik des sozialen Raumes", die der erste Band der Anthologie behandelt. Architektur verteilt, ordnet und steuert Prozesse und Abläufe: Das sind die Themen einer „Logistik des sozialen Raumes", die der zweite Band vorstellt. In diesen beiden Funktionen manifestiert sich das Wissen der Architektur um die Gestaltung sozialer Räume. Dieses Wissen wird in dieser Anthologie durch Texte aus unterschiedlichsten Disziplinen begrifflich gefasst und explizit gemacht.

Die Anthologie ist aus der Lehre heraus entstanden und geht zurück auf die Entwicklung eines kulturwissenschaftlichen Grundkurses für das zweite Studienjahr.

In 2011 and 2013 Susanne Hauser, Christa Kamleithner und Roland Meyer published the two volumes of an anthology titled "Architekturwissen" (Architectural Knowledge). This anthology compiles basic texts discussing central issues of cultural history and theory. Additionally it includes comments on these texts relating them to today's challenges in architecture. Architecture presents bodies, things, signs, and practices, it arranges their appearance and organizes their perceptibility. These forms of presentation define the conceptual field of an "aesthetics of social space". They are the subject of the first volume. Architecture also arranges, directs and controls processes and sequences - these are the subject of a "logistics of social space" discussed in the second volume. These two functions define the architectural knowledge on the design of social spaces, a knowledge expressed conceptually and made explicit in this anthology's texts stemming from a variety of different disciplines.

The anthology developed from teaching and is based on the introductory course on cultural history and theory for the second year.

Lehre und Forschung

Entwerfen und Projektieren

Entwerfen ist eine Kulturtechnik, die sich in jedem ihrer
Vollzüge neu erfinden kann. Denn in der Modellierung neuer
Gegenstände kann der Prozess ihrer Gestaltung die bisherigen
Verfahren überschreiten. Diese Überschreitung kann in vielerlei
Hinsichten geschehen, unter anderem gehören dazu die Wahl
und Setzung von Zielen, soweit sie Gegenstand eines Entwurfs
werden, die heuristischen Verfahren, in denen das Neue gesucht wird, die Medien und Notationen, in denen es sich artiku-
liert, und die Beziehungen zu Interessen und Akteuren, die zu
seiner Entwicklung beitragen.
In Lehre und Forschung des Fachgebiets hat in den letzten
Jahren vor allem die Untersuchung der Beziehung von Entwurf
und Medien einen bedeutenden Platz eingenommen. Grundlegend ist dabei die These, dass sich das Wissen der Architektur
in die Verwendung bestimmter Medien und Kulturtechniken
einschreibt, in Schrift und Buchdruck, Architekturzeichnung,
Architekturmodell, Diagramm, in digitale Raumsimulations-
und Visualisierungstechniken – während sich dieses Wissen in
Auseinandersetzung mit Kulturtechniken und den sie operatio-
nalisierenden Medien bildet und verändert.
In den letzten Semestern hat das Fachgebiet zu diesem The-
menkreis Vorlesungen und Seminare zu Geschichte und Theorie
des Architekturmodells, der Architekturfotografie, der Architekturzeichnung angeboten. Die Auseinandersetzung mit den
Medien der Architektur wird fortgesetzt.

Teaching and Research

Drafting and Projecting

Drafting is a cultural technique implying the potential of rein-
venting itself in every practical process of its implementation.
In the modeling of new objects the process of their design can
transcend previous methods and put in question even the basic
assumptions guiding the first approach to the process. This may
affect several aspects, amongst them the choice of goals set
for the design process, it may affect heuristic methods sup-
porting the search for hitherto unknown solutions, the use and
the transformation of media and the notations articulating the
novel object, and the relation to interests and actors involved
in its development.
Especially the relationship of drafting processes and media
is an essential field of research and teaching at the chair of
art history and cultural studies. The basic assumption guiding
research projects and teaching alike is that architectural knowledge inscribes itself into media and cultural techniques as they
are used, while this knowledge evolves and changes in the
process of involvement with cultural techniques and the media
operationalizing them. This assumption guides the approach to
the media of architecture, to writing and printing, to drawing
and modelling, to diagrams and digital simulation- and visual-
ization techniques.
In the last semesters, the chair for art and cultural history has
offered lectures and seminars on the history and theory of
architectural modelling, architectural photography, and architectural drawing. The series will be continued.

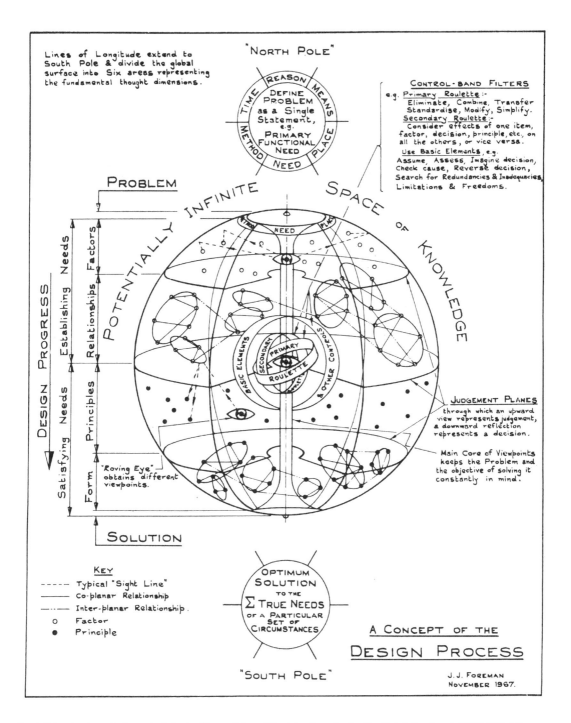

Lines of Longitude extend to South Pole & divide the global surface into Six areas representing the fundamental thought dimensions.

"NORTH POLE"

TIME
REASON
MEANS
DEFINE PROBLEM as a Single Statement, e.g. PRIMARY FUNCTIONAL NEED
METHOD
PLACE
NEED

CONTROL-BAND FILTERS
e.g. Primary Roulette :-
    Eliminate, Combine, Transfer, Standardise, Modify, Simplify.
Secondary Roulette :-
    Consider effects of one item, factor, decision, principle, etc., on all the others, or vice versa.
Use Basic Elements, e.g.
Assume, Assess, Imagine decision, Check cause, Reverse decision, Search for Redundancies & Inadequacies, Limitations & Freedoms.

PROBLEM

POTENTIALLY INFINITE SPACE OF KNOWLEDGE

DESIGN PROGRESS

Establishing Needs — Factors — Relationships

Satisfying Needs — Principles — Form

NEED PLACE
BASIC ELEMENTS
SECONDARY
PRIMARY ROULETTE
& OTHER CONTROLS

JUDGEMENT PLANES
through which an upward view represents judgement, a downward reflection represents a decision.

Main Core of Viewpoints keeps the Problem and the objective of solving it constantly in mind.

"Roving Eye" obtains different viewpoints.

SOLUTION

KEY
----- Typical "Sight Line"
——— Co-planar Relationship
—·—· Inter-planar Relationship.
○ Factor
● Principle

OPTIMUM SOLUTION TO THE Σ TRUE NEEDS OF A PARTICULAR SET OF CIRCUMSTANCES

A CONCEPT OF THE
DESIGN PROCESS

J. J. FOREMAN
NOVEMBER 1967.

"SOUTH POLE"

Aus: J. Christopher Jones, Design methods. Seeds of Human Futures, Wiley-Interscience, London, New York, Sydney Toronto (1970), 1973, 181.

Publikation Publication

Kulturtechnik Entwerfen

Praktiken, Konzepte und Medien
in Architektur und Design Science

Susanne Hauser, Daniel Gethmann

Ergebnis der Forschung zur Beziehung von Entwurf und
Medien ist unter anderem der Sammelband „Kulturtechnik
Entwerfen. Praktiken, Konzepte und Medien in Architektur
und Design Science", herausgegeben von Susanne Hauser
und Daniel Gethmann (TU Graz). In den Beiträgen des Bandes
wird die architektonische Entwurfspraxis in ihrer historischen
Entwicklung und in ihren kultur- und erkenntnistheoretischen
Grundlagen diskutiert, wobei die Situierung der Praktiken in
Entwurfstraditionen, ihre spezielle Erkenntnisformen und ihre
Funktionen in jeweils zeitgenössischen Wissensordnungen
thematisiert werden.

The collection „Drafting as a cultural technique. Practices, concepts and media in architecture and design science", edited by
Daniel Gethmann (TU Graz) and Susanne Hauser in 2009, is a
first result of an ongoing reflection on media, design processes
and their relation. The papers in this volume discuss practices
involved in drafting and their history, their cultural and epistemological foundations and implications. The authors refer
to traditions and contexts of these practices, their specialized
forms of creating insights and their functions in contemporary
orders of knowledge.

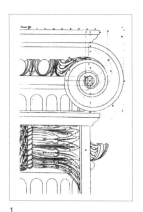

1

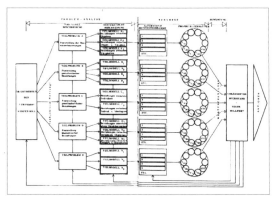

2

1   Konstruktion einer ionischen Schnecke aus: Les dix livres d'architecture de Vitruve corrigés et traduits en 1684 par Claude Perrault,
    nach: Michael Bollé, Vom Modul zum Raster zur Zelle, in: Kulturtechnik Entwerfen, 65-83, 67.

2   Artur Bottling, Schema eines Planungsvorgangs, 1969, nach Gernot Weckherlin, Architekturmaschinen und wissenschaftliches Entwerfen,
    in: Kulturtechnik Entwerfen, 203-226, 225.

Forschung Research

Architektur und neue Medien

Die Bedeutung digitaler Technologien für die Entwurfs- und
Baupraxis der 1990er Jahre

Nathalie Bredella

DFG Projekt ›Eigene Stelle‹

Seit das Computer Aided Design die Praxis der Architektur
grundlegend verändert hat, stellt sich die Frage, welche Möglichkeiten und Grenzen digitales Entwerfen bietet. Die experimentellen Ansätze der 1990er Jahre haben die Entwicklungen
des digitalen Entwerfens entscheidend geprägt. In ihren Theorien und Entwurfsmethoden beanspruchten Architekten, das
Verhältnis von Mensch und Natur/Umwelt durch den Einsatz
von digitalen Technologien neu zu bestimmen.

Das Projekt will anhand von ausgewählten Positionen des
architektonischen Entwerfens zeigen, wie digitale Werkzeuge,
Praktiken, Bürologistik und Terminologien bei der Entwicklung
von digitalen Entwurfsprozessen und der damit zusammenhängenden Theoriebildung zusammenspielten und in welcher
Weise sie das Verständnis der Entstehung und Umsetzung von
Architekturentwürfen veränderten. Dabei spielt eine entschei-
dende Rolle, welche unterschiedlichen Formen des Wissens
in Entwurfsprozesse einfließen. Neben Digitalisierung und
computational design, die auf explizitem Wissen beruhen und
explizites Wissen produzieren, kommen auch schwer zu fassen-
de implizite Anteile, ein praktisches Können, ins Spiel, das nicht
selten die Entwicklung neuer Lösungsansätze ermöglicht. Hier
stellen sich Herausforderungen für das digitale Entwerfen und
dessen Weiterentwicklung, auf die das Projekt eine Antwort zu
geben sucht.

DFG Project ›Eigene Stelle‹

Since Computer Aided Design affected the architectural practice, possibilities and limits of digital design have been under
discussion. In this respect, the experimental approaches of the
1990s had a major impact on theories and practices of design.
Based upon the application of digital technology, architects
claimed to redefine the relation between men, environment
and nature.

By analyzing the main positions of that time, my project will
show in what ways digital tools, design practices, office logistics, together with an interlinked applied terminology, acted
upon new design theories and practices. Further, in what ways
a new understanding of design also changed the conditions of
fabrication. Besides digitalization and computational design –
which are based on, and produce, explicit knowledge – implicit
contributions, which are difficult to grasp, and practical knowledge come into play. Right there, where specific challenges for
digital design and its development can be found, the project
seeks for a plausible explanation.

Lehre und Forschung

Stadt und Landschaft

Zentral für die Lehre wie für die Forschung des Fachgebietes ist die Auseinandersetzung mit der Entwicklung von Städten und Landschaften. Ein Schwerpunkt dabei ist die Thematisierung ästhetischer und symbolischer Aspekte. Damit verbunden ist das Ziel, die Grundlagen, auf denen Planungen für Städte und Landschaften entstehen, um diese Dimensionen zu erweitern und darüber neue Chancen für die Beteiligung Vieler an der Stadt- und Landschaftsentwicklung zu eröffnen. Manche der Zugänge zu den damit verbundenen Fragen stammen aus Kunstgeschichte, Kulturtheorie und Philosophie. Sie werden ergänzt um die Auseinandersetzung mit ökonomischen Grundlagen der Stadt- und Landschaftsentwicklung, mit soziologischen und stadt- wie landschaftshistorischen Befunden.

Publikation Publication

Ästhetik der Agglomeration

Susanne Hauser, Christa Kamleithner

Diese Untersuchung heutiger Agglomerationen wendet sich ihren ästhetischen Aspekten zu, zunächst dem Umstand, dass Charakteristika offener Landschaften und städtischer Gebiete sich mit neuen räumlichen Qualitäten mischen, ohne dass traditionelle Stadt- oder Landschaftsbilder entstehen. Die urbanen Landschaften fordern die Überprüfung alter Stadt- und Urbanitätskonzepte heraus, wie auch die traditionellen Erwartungen an die schöne Landschaft.
Ziel dieser Untersuchung ist die Identifizierung und Beschreibung von Qualitäten, die Landschaften attraktiv und Städte zu faszinierenden Anziehungspunkten gemacht haben – und deren Erhaltung oder Wiedereinrichtung heute in großer Spannung zu den praktischen Lebensvollzügen einer automobilen Gesellschaft stehen. Die Projektion dieser Qualitäten auf die heutigen Agglomerationen trägt zur Kritik urbaner Landschaften bei und reflektiert Möglichkeiten und Potenziale ihrer Entwicklung.

Teaching and Research

City and Landscape

A central concern of our research and of our teaching is the development of cities and landscapes. The main focus is on aesthetic and symbolic aspects. The aim is to introduce these aspects into planning processes, to widen the scope of analysis in urban design and landscape architecture and to strengthen approaches to planning that consider and appreciate the inhabitants' expertise gained through everyday life in a certain urban or rural environment. Most of the questions we discuss in our research and teaching come from art history, cultural theory and philosophy. We also refer to economic theories, to urban sociology and history, and to the history and theory of landscape.

This examination of today's agglomerations deals with their aesthetics. It reacts to the obvious phenomenon that in these areas typical characteristics of urban structures and landscapes merge with not yet readable spatial qualities. Urbanised landscapes, „Zwischenstädte" and „edge cities" challenge traditional conceps and images of cities and landscapes alike. The investigation analyses these structures and identifies the very qualities that characterize prototypical and attractive landscapes and cities. It reacts to the ambivalent situation that these qualities are still expected while their preservation or creation is challenged by economic and technological developments and by the ways of organizing everyday life in our mobilised and cardependend society. Projecting the attractive qualities onto today's agglomerations contributes to the critique and reflection of urban landscapes and point to options and potentials for their development.

Foto: Jochen Jürgensen

Forschung Research

Spurkünste, Spurlandschaften

Von der Spurensicherung im Feld zur
Umwertung von Peripherien

Lutz Hengst

Foto: Lutz Hengst

Im Projekt "Spurensicherung nach 1960" wird eine künstlerische Praxis untersucht, die sich Techniken zur Bestimmung und Bewahrung von Reliktformen bedient und sich u.a. in Bezug zu archäologischer und ethnologischer Forschung setzt. Inspiriert etwa durch Grabungsstätte nähert sie sich ihren konkreten Untersuchungsfeldern. Räumliche Qualitäten scheinen dabei nicht nur im Sinne von Reliktlandschaften oder in Relation zu Landart auf – es eröffnen sich auch Perspektiven auf weitere, ästhetisch grundierte Umwertungsprozesse peripherer Zonen an der Schwelle zum 21. Jahrhundert.

The project "The securing of evidence after 1960" examines artistic practices referring to techniques for the identification and preservation of relict-forms. Some of these practices are closely related to archeo- and ethnological research. Inspired for instance by excavation sites they approach tangible areas of artistic investigation. Spatial qualities emerge not only in the form of relict-landscapes or in relation to landart – the practices examined open up perspectives revaluation-processes of peripheral zones based on aesthetic considerations on the eve of the 21st century.

Forschung Research

Panoramen und Kulissen

Die weite Landschaft und ihr gebautes Limit in künstlerischen
Darstellungen seit der Neuzeit

Lutz Hengst

Robert Mitchell: Schnitt durch Robert Barkers Panorama-Rotunde am Leicester Square, London 1801

Die panoramatische Vision, die Möglichkeit, ganze Welten im Überblick darzustellen, findet seit der frühen Neuzeit bis heute zahlreiche künstlerische Ausformungen. Sie manifestieren sich unter anderem in protomodernen Unterhaltungsarchitekturen, doch auch Avantgarde-Filme lassen sich unter dem Aspekt untersuchen, inwieweit ihre Kulissenbauten panoramatische ,Landschaften' entfalten. Um solche Visionen und ihre Umsetzungen zu verstehen, bedarf es einer Auseinandersetzung mit der Geschichte künstlerisch-gestalterischer Konzeptionen von Landschaft, die über ihre theoretische Reflexion und in der konkreten Anschauung erschlossen werden.

The panoramatic vision, the possibility to perceive whole worlds at a glance, has aroused the interest of many artists since the early modern period till today. This resulted in a variety of interpretations, among them proto-modern entertainment architectures, and even the sets of avant-garde films can be considered in terms of the question of in how far their sets unfold panoramatic 'landscapes'. To understand these visions and their built manifestations, a visual analysis and a theoretical examination of the history of artistic conceptions of landscape is proposed.

Lehre Teaching

Lived/Space/Lab

Saskia Hebert

Das lived/space/lab, angesiedelt am Lehrstuhl für Kunst- und Kulturgeschichte, befasst sich mit dem Zusammenhang zwischen den gebauten Räumen einer Stadt und dem gelebten Raum ihrer Bewohner. Während man gebaute Dinge wie Häuser, Straßen und Plätze vermessen, abbilden und beschreiben kann, ist das Leben, das sich darin abspielt, vielfältig und nahezu unsichtbar - und doch von entscheidender Bedeutung für den spezifischen Charakter, die Identität und die Lebensqualität eines Quartiers.
Als drittmittelgeförderte Kooperation mit dem Bezirk Lichtenberg von Berlin fand 2012/13 ein experimentelles Beteiligungsverfahren im Stadtumbau- und Sanierungsgebiet Frankfurter Allee Nord statt. Es dient dazu, bereits vorhandene stadträumliche Qualitäten ans Licht zu bringen und Bewohner als Experten „ihres" Stadtraumes in den beginnenden Transformationsprozess aktiv einzubinden.

The lived/space/lab at the chair for art history and cultural studies takes as its main focus the exploration of the relationship between built urban structures and the lived space of their inhabitants. While it is possible to easily measure, describe and depict physical objects such as houses, streets or squares, the diverse events of life themselves that take place within these spaces remains almost invisible although they are of great importance for the specific character, identity and quality of life in a given district.
In 2012/13 we conducted two different experimental participation programs in the urban rehabilitation area of Frankfurter Allee Nord (FAN) in Berlin. The project is funded by the district of Lichtenberg, which also supported the implementation of the programs. Both participation programs encouraged inhabitants of Lichtenberg to act as "experts" on their environment and to become an active and responsible part in the urban transformation process. With their help the project was able to identify already existing spatial qualities that should, as we believe, be developed in the ongoing regeneration process.

„Wem gehjört die Stadt?" Carlo im Gespräch mit Diana Lucas-Drogan

„Die Mehrheit findet nicht hier statt": Bernd Ritterr im Gespräch mit Henriette Lütcke

„Perspektiven im Gebiet": Jean Paul Müller im Gespräch mit Désirée Flury

„Wichtige unwichtige Orte" Christa Herms im Gespräch mit Fabian Brockhage

„Ein Stück Heimat" Wolfgang Krug im Gespräch mit Catharina Demmel

Architekturgeschichte und Atchitekturtheorie
History and Theory of Architecture

Prof. Dr. Michael Bollé
Prof. Dr. Sven Kuhrau
Wissenschaftliche Mitarbeiterin: Turit Fröbe
Tutoren: Caroline Häfele, Eric Zapel

Warum Architekturgeschichte (und –theorie)? Die Beantwortung dieser Frage hängt vom jeweiligen Erkenntnisinteresse ab, welches bei Architekturstudierenden weniger auf historische Vollständigkeit gerichtet ist, vielmehr stellen sich ihnen diese Fragen auf eine spezifisch entwurfsrelevante Weise. Typologiegeschichte ist dabei von zentraler Bedeutung (Grundriss, Aufriss, Städtebau). Stilgeschichtliche Aspekte stehen weniger im Fokus, wohl aber der geistesgeschichtliche und historische Kontext, ohne den die individuelle Form eines Gebäudes unerklärt bliebe. Architekturgeschichte – zu der die Theorie gehört – braucht man, um die Prozesse des Entwerfens zu verstehen, vor allem um zu begreifen, wann und warum etwas neu oder nur konventionell ist. Zeitgenossenschaft in der Architektur setzt das Wissen um die Architekturgeschichte voraus – schließlich war einmal jede gelungene Architektur zeitgenössisch.

Why architectural history (and theory)? The answer to this question is dependent on who's asking. For architecture students, for instance, the focus is less on a complete or even chronological understanding and more related to design-related issues. In this sense, the history of architectural typologies – floor plans, elevations and town planning – is of great importance. Architectural styles only play a minor role, while the focus is directed on the historical and intellectual context. An understanding of the history of architecture (to which architectural theory belongs) is needed in order to understand the design process and to be able to recognize when something new or novel is built or not. One's own contemporaneity in architecture requires knowledge of architectural history, because after all every successful building has at one time been contemporary.

Großer Saal der Albrechtsburg in Meißen, erbaut ca. 1475, Arnold von Westfalen. Exkursion
Frühjahr 2012 im Rahmen des Seminars „Verrückte Gewölbe" (Foto: Robert Patz)
Great Hall of Albrechtsburg in Meißen, 1475, Arnold von Westfalen. Study trip Spring 2012
in conjunction with the seminar „Crazy Vaults"

With acknowledgments to *Punch*

"IT'S A VERY NICE BLOCK OF FLATS BUT THEY'VE TAKEN A LONG TIME TO BUILD IT." By *Acanthus*. (*See Note*)

The Builder, 5. Jan. 1951, S. 3
The Builder, January 5th 1951, p. 3

Einführung in die Architekturgeschichte

Das erste Studienjahr (Bachelor) führt in die europäische Architekturgeschichte von der Antike bis in die Gegenwart ein. Dabei geht es zum einen darum, auf dem Wege vergleichenden Sehens einen Wissenshorizont aufzubauen, der es einem erlaubt, historisch gewachsene Räume lesen zu können. Zum anderen werden im Gang durch die Architekturgeschichte exemplarisch entwurfsrelevante Fragestellungen aufgeworfen. Wenn man beispielsweise das antike System der Säulenordnungen als architektonische Sprache mit einer ihr eigenen Grammatik begreift, die seit der Renaissance neu interpretiert, variiert und schließlich zu Fall gebracht wird, so stellt sich mit Bezug auf diesen Prozess die Frage nach Konventionalität, Innovation und Revolution in der Architektur. Besonderes Augenmerk wird auf die Ausbildung und Ausdifferenzierung architektonischer Typen von der antiken Marktbasilika bis zum modernen Großraumbüro gelegt. Dieses typologische Verständnis gehört zu unserem kulturellen Wissen, das die Orientierung im gebauten Raum erst ermöglicht. Anhand des architektonischen Typus' lässt sich nicht nur der Zusammenhang von Form, Funktion und symbolik diskutieren. Darüber hinaus lassen sich einzelne Bautypen als

Introduction to Architectural History

The first year of studies (Bachelor) provides an introduction to the history of European architecture from antiquity to the present day. On the one hand the curriculum aims to expand the horizon of knowledge through comparative visual analysis in order to enable the student of architecture to move about freely in the historically charged spaces our cities have become. On the other hand, by studying the history of architecture, fundamental design-related issues are brought to the fore. For instance, if one understands the classical orders as an architectural language with its own grammar that has – since the Renaissance – been reinterpreted, varied and in the end discarded, one begins to question the role conventionality, innovation and revolution play in the development of architecture. Special attention is paid to the historical formation of and differences between architectural typologies ranging from the antique market basilica to modern open plan offices. An understanding of typologies belongs to the cultural knowledge that provides a sense of orientation in the built environment. Furthermore, by looking at building types, questions of how in architecture form, function and symbolism are related to one another may

Verkehrsarchitektur der 1970er Jahre, 2010 neu in Szene gesetzt. „Bierpinsel", erbaut 1972-1976 nach Plänen von Ralf Schüler und Ursulina Schüler-Witte (Foto: Turit Fröbe).

1970s Traffic architecture restaged in 2010. „The Beer Brush", Berlin built from 1972-1976 according to plans by Ralf Schüler und Ursulina Schüler-Witte.

architektonischer Ausdruck einer in Raum und Zeit verorteten Kultur interpretieren. So ist der Typus des Schlosses und seine städtische Ableitung des Pariser Hôtel particuliers eng mit der französischen Hofgesellschaft verbunden.

Industrialisierung und Säkularisierung, Verbürgerlichung und Demokratisierung sowie schließlich die Herausbildung der modernen, zunehmend globalisierten Konsumgesellschaft bilden seit 1800 den Rahmen der Architektentätigkeit und bestimmen das immer weiter gefasste Aufgabenspektrum. Die Vielfalt moderner Fragestellungen in der Architektur wird vorrangig am Beispiel Berliner Bauten von Karl Friedrich Schinkel, Peter Behrens, Bruno Taut, Mies van der Rohe, Sir Norman Foster und anderen nachgegangen. Entgegen der Tendenz, „Meisterarchitekturen" isoliert zu präsentieren, erkunden wir spazierend, beschreibend und forschend die Gebäude vor Ort im Berliner Stadtraum. Nicht zuletzt werden die Bauten dabei als mehr oder eben auch weniger gut funktionierende Akteure im sozialen Raum der Stadt erfahren.

be discussed. Finally, certain building types may be seen as being rooted in architectural cultures confined to certain regions or periods of time. The castle typology and its urban derivative – the Parisian Hôtel particulier – can for instance be seen as architectural manifestations of French court society.

The industrialization and secularization of society, the rise of the middle class, and the democratization as well as the development of a modern and increasingly globalized consumer society forms the framework for architectural activity since 1800 and defines the ever-expanding spectrum of responsibilities an architect has been given. A variety of modern architectural issues are examined and questioned against the backdrop of a number of buildings in Berlin built by Karl Friedrich Schinkel, Peter Behrens, Bruno Taut, Mies van der Rohe, Norman Foster and many others. Instead of viewing "architectural masterpieces" in isolation from one another, we walk among, research and discuss the buildings in the context of their environment. In this sense, the buildings are experienced as functional or sometimes disfunctional actors within the context of the social space of the city.

Prof. Dr. Michael Bollé
studierte Kunstgeschichte, Klassische Archäologie und Bibliothekswissenschaften an der FU in Berlin und lehrt seit 1989 an der UdK. Sein Forschungsschwerpunkt liegt auf dem Gebiet der Antikenrezeption, insbesondere im deutschen Klassizismus. Ein wesentlicher Teil davon ist die Traktatliteratur. Darüber hinaus beschäftigt er sich u. a. mit Wissenschaftsbauten und der Geschichte der Architektenausbildung.

Prof. Dr. Michael Bollé
studied art history, classical archaeology and library science at the Free University of Berlin and has taught at the UdK since 1989. His research interests focus on the reception of ancient architecture, particularly German Neoclassicism and the historical treatise literature. In addition, his other research interests include science buildings and the history of architectural education.

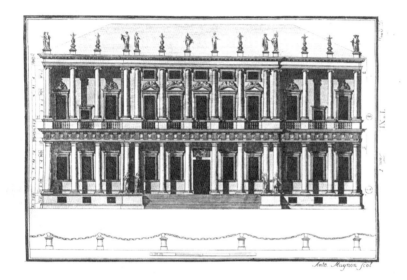

Nachruhm Andrea Palladios. Sein Palazzo Chiericati in Vicenza abdruckt in: Ottavio Bertotti-Scamozzi: Le Fabbriche e i Disgeni di Andrea Palladio, Vicenza 1796.

Andrea Palladio's posthumous fame. The Palazzo Chiericati in Vicenza printed in: Ottavio Bertotti-Scamozzi: Le Fabbriche e i Disgeni di Andrea Palladio, Bd. 1, Vicenza 1796.

Architekturgeschichte und –theorie
Beide sind keine unmittelbaren Anleitungen zum Entwurf, beschäftigen sich aber mit demselben, indem sie die Entwurfsprobleme vergangener Zeiten in den Mittelpunkt stellen, ausgehend von der Prämisse, die entwerferischen Problemstellungen seien im Prinzip immer dieselben, sie führten nur zu jeweils anderen formalen und inhaltlichen Lösungen. Daraus folgt, dass sich die spezifische Form eines Gebäudes nur unter Berücksichtigung der historischen und gesellschaftlichen Bedingtheit von Architektur interpretieren lässt. Die Seminarthemen werden ergänzt durch eine auf Kontinuität ausgelegte mehrsemestrige Überblicksvorlesung, die u. a. die Zusammenhänge von Theorie und Praxis beleuchtet, wobei es wenige Epochen gibt, in denen beide sich tatsächlich ergänzen. Für die Raumbildungen des Barock beispielsweise gibt es keine theoretische Entsprechung in der zeitgenössischen Traktatliteratur! Dennoch ist sie eine Quelle der Erkenntnis und stellt neben archivalischen Materialien den Grundstock der Forschung dar.

Architectural History and Theory
Neither provides a self-explanatory manual on how to design, but rather focus on historical designs and their development under the premise that design has basically always dealt with the same issues, but that over time simply different formal and conceptual solutions have been found. Consequently, the specific form of a given historic building can only be interpreted with regard to the historic and cultural context in which it emerged. The seminar topics are supplemented by a continuous and consecutive overview lecture, which among other things, aims to shed light on the connections between theory and praxis, despite the fact that there are few periods in which the two actually complement each other. For instance, the spatial qualities of Baroque architecture do not find a theoretical equivalent in the contemporary architectural treatises! However, they remain one of the primary sources of information and along with archival material form the basis for architectural research.

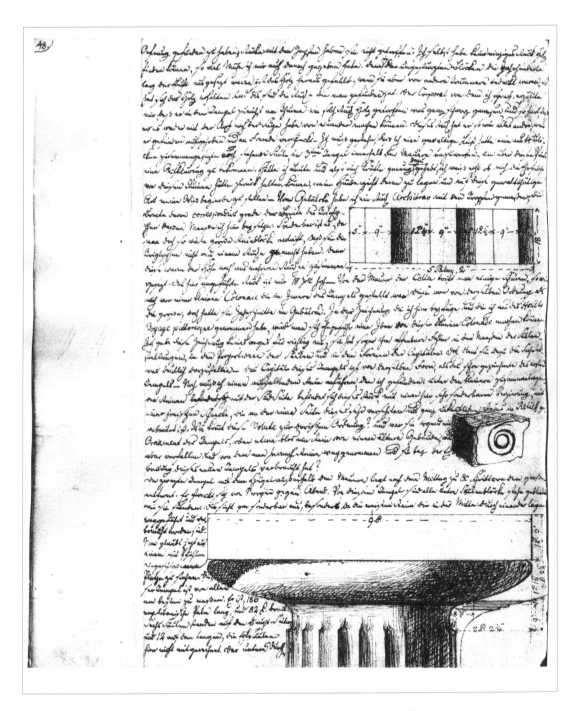

Der Architekt als Archäologe: Heinrich Gentz, Kapitell des Tempel F in Selinunt, aus der „Londoner Reinschrift", 1794/95.
The Architect as Archeologist: Heinrich Gentz, The capital of the Temple F in Selinunt, from The „London Manuscript", 1794/95.

Rom, Italien Frühjahr 2007 (Foto: Philip Heckhausen);
History Faculty Cambridge, 1963-67, James Stirling
und James Gowan, England 2013 (Foto: Fabian Brockhage);
Townscape-Studie von Vera Mündel, Rostock 2013.
Rome, Italy, Spring 2007;
History Faculty Cambridge, 1963-67, James Stirling
and James Gowan, England 2013;
Townscape study by Vera Mündel, Rostock 2013.

Exkursionen

Einen wesentlichen Teil der Auseinandersetzung mit Architektur machen die Exkursionen aus, denen stets ein vorbereitendes Seminar voraus geht. Nirgends sonst wird ein solch gründliches Verstehen erreicht, als durch unmittelbare Anschauung und vergleichendes Sehen bzw. durch den intensiven Diskurs darüber. Dass Architekten reisen, hat Tradition in Form der „Grand Tour," v. a. des 18. Jahrhunderts, in der Regel mit Ziel Italien, insbesondere Venedig und Rom. Die vorseitige Abbildung entstammt dem Tagebuch eines Berliner Architekten, der Ende des 18. Jahrhunderts eine solche Reise unternahm und später einer der ersten Professoren an der Bauakademie wurde. Das Tagebuch gehört der UdK und wurde am Lehrstuhl publiziert.

Study Trips

The study trips that accompany the seminars are an essential part of architectural education. There is no better way to obtain such an in depth and up close understanding of architecture than by coming into direct contact with the buildings and their surrounding context, viewing and analyzing them visually and participating in the discourse that ensues. That architects travel is a tradition dating back to the „Grand Tour" of the 18th century when the focus was on Italy – Rome and Venice in particular. The image on the previous page is from the travel diary of a Berlin architect who undertook such a trip and later became one of the first professors of the Berlin Bauakademie. The diary belongs to the UdK and was published by the department.

Prof. Dr. Sven Kuhrau

studierte Kunstgeschichte, Klassische Archäologie und Mittlere Geschichte in Tübingen, London und Berlin und lehrt seit 2004 an der UdK. Sein Forschungsschwerpunkte sind die Sammlungs- und Museumsgeschichte, die deutsch-jüdischen Geschichte und die Architektur Großbritanniens im 20. Jahrhundert.

Prof. Dr. Sven Kuhrau
studied art history, classical archeology and the history of the Middle Ages in Tübingen, London und Berlin and has been teaching at the UdK since 2004. His research interests include the history of museums and collections, German-Jewish history and the architecture of Great Britain in the 20th century.

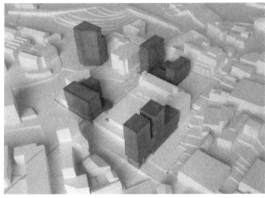

Corbusier meets Sheffield: Andrew Derbyshire's Castle Market, 1960-65, redevelopment proposal by Johannes Arolt, Summer 2011.

Historische Recherche und Entwurf

Frühjahr 2011 – In Sheffield steht der multifunktionale Gebäudekomplex Castle Market, entworfen 1960-65 von Andrew Derbyshire, vor dem Abriss. Ausgehend von der Erkundung dieses einen Gebäudes im Kontext der wohlfahrtsstaatlichen Wiederaufbauarchitektur werden Leistungen und Fehlleistungen der britischen Moderne diskutiert. Anlässlich des anstehenden Re-developements, durchgespielt im Entwurfsprojekt „Castle Market Reloaded"von Prof. F. Riegler, stellte sich im begleitenden Seminar „Re-inventing Britain" (Sommer 2011) die Frage, welcher Rang einer historischen Recherche im Entwurfsprozess zukommt.

Historical Research and Design
Spring 2011 – The multifunctional building complex of Castle Market designed by Andrew Derbyshire between 1960 and 1965 is about to be closed and demolished. The achievements and failures of British modern architecture are illustrated by analyzing this one particular building within the context of the social welfare state's post-war building program. In light of the coming redevelopment, the project "Castle Market Reloaded" (Prof. Florian Riegler) looked at potential redevelopment schemes, while the role historical research plays in the design process was addressed in the accompanying seminar „Re-inventing Britain" (Summer 2011).

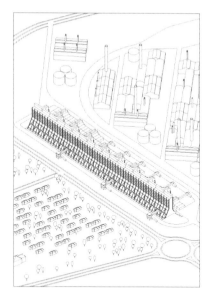
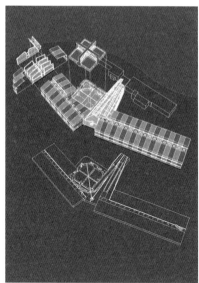

Zeichnerische Analysen von Entwürfen James Stirlings. Eine geplante Firmenzentrale zwischen Industriegebiet und „Suburbia," Entwurf für Dorman Long Headquaters, 1965-67, Analyse Jeremy Germe; Olivetti Training School als popkulturelles Gartenzelt, 1969-77, Analyse Caroline Häfele und Moritz Munk; die New Town Runcorn, 1967-76, als erfolglose Neuerfindung einer Gartenstadt, Analyse Felix Koch und Lara Monti. (von links oben bis rechts unten)

Analytical drawings of designs by James Stirling. A design for the Dorman Long Headquarters between an industrial area and „suburbia", 1965-67, analysis by Jeremy Germe; Olivetti Training School as a pop cultural garden tent, 1969-77, analysis by Caroline Häfele and Moritz Munk; the New Town Runcorn, 1967-76, as the unsuccessful reinvention of the garden city, analysis by Felix Koch and Lara Monti (from top left to bottom right).

Zeichnen – Analysieren

Zwar ist die Sprache das traditionelle Medium der geisteswissenschaftlichen Architekturanalyse. Näher an der architektonischen Entwurfspraxis, deren Analyseleistung oft sprachlich nicht formuliert wird und im schnellen Aussortieren misslungener Varianten besteht, liegt die zeichnerische Analyse. Sie lässt sich auch für die Erkundung bereits gebauter oder projektierter Architekturen nutzen. Für James Stirlings typologische Raffinesse, seine ortsbezogenen und zugleich deplaziert scheinenden Bauten, wurden im Seminar präzise Bilder gefunden und zugleich spielerisch Formen der Präsentation erprobt. (Seminar James Stirling, Winter 2012/13, begleitet von Prof. Dr. N. Palz)

Drawing – Analyzing

Language and the written word are the traditional media of critical architectural analysis. However, drawing analysis remains the core of the design process, a method in which variations are quickly tested, developed further or discarded often without the use of language at all. This tool can, however, also be used to analyze existing or planned structures. In this seminar, analytic drawings and other images were created in order to explain James Stirling's typological refinement, his simultaneously contextual and displaced buildings in playful forms of presentation (Seminar James Stirling, Winter 2012/13, acompanied by Prof. Dr. N. Palz)

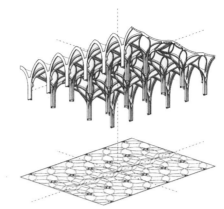

Analyse und Variationen über historische Gewölbeformen. Schleifenster-
ne in der Barbarakirche, Kutná Hora, ca. 1512 (Foto: Robert Patz); axono-
metrische Rekonstruktion und Variation (Robert Patz, Sebastian Milank)

Analysis and variations of historic vault forms. Looping-rib vaults in St.
Barbara's church, Kutná Hora, 1512 (Photo: Robert Patz), axonometric
reconstruction and variation (Robert Patz, Sebastian Milank)

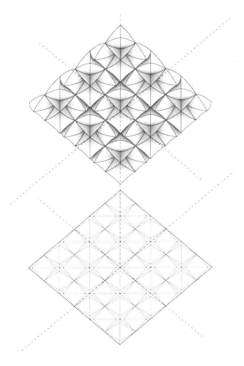

Analysieren – Entwerfen

Der Beruf des Architekten wird immer mehr durch die Möglichkeiten digitalisierten Entwerfens bestimmt. Nur scheinbar
folgt hieraus eine neue biomorph anmutende Formensprache,
die ohne historische Ahnenschaft auszukommen meint. Schaut
man zurück zu den Raumbildungen etwa der Gotik und des
Barock, so steht bereits ein eingeprobter beschreibender und
analytischer Begriffsapparat bereit, der im Seminar auf seine
Erweiterbarkeit für die Produkte des digitalen Entwerfens untersucht wurde. Im Dreischritt wurden die historischen Gewölbe
analysiert, digital nachgebaut und zuletzt variiert. (Seminar
„Verrückte Gewölbe", Sommer 2012, mit Prof. Dr. N. Palz)

Analyzing – Designing

The architectural practice is becoming more and more defined
by the design possibilities created by digital tools. A new „bio-
morphic" visual language with seemingly no historical foundation is one of the results of these new methods. If one were
to look back to say the Gothic or Baroque period and analyze
how space was defined, one would find a tested, describable
and analytic terminological apparatus, whose application in the
field of digital design was tested in this seminar. In three steps,
the historical vaults were first analyzed, then built with 3D
software and lastly modified to form the basis for the students'
designs. (Seminar "Crazy Vaults," Summer 2012 in collaboration with Prof. Dr. N. Palz)

Turit Fröbe
hat Kunstgeschichte und Klassische Archäologie studiert, ein
Masterstudium „Europäische Urbanistik" absolviert und ist seit
2005 wissenschaftliche Mitarbeiterin an der UdK. Forschungsschwerpunkte: die klassische Moderne, Antikenrezeption,
Großsiedlungen der Nachkriegszeit, Baukultur und der Themen-
komplex Spiele und spielerische Verfahren in Planungskultur
und Stadtforschung.

Turit Fröbe
studied art history and archeology, has a Master's degree in
european urbanism and since 2005 is a research assistant at
the UdK. Her research interests include classic modern architecture, the reception of classical architecture, large post-war
residential developments, building culture and how games and
game-like strategies can be used in the planning and research
of cities.

Ereigniskarten und Layout der
Spielkiste. Das **auf**RUHR!-Spiel
wurde 2010 vom Ruhrstadt-
Netzwerk publiziert (Gestaltung
Thomas Back und Michal Sa-
dowski).

Chance cards and design of the
game box. The aufRUHR! board
game was published 2010 by
the Ruhrstadt Netzwerk (Design
Thomas Back and Michal Sad-

aufRUHR!
Anlässlich des Kulturhauptstadt-Events RUHR.2010 wurde das
„aufRUHR!"-Spiel im Rahmen eines Seminars von Studierenden
der UdK entworfen. Forschungsgegenstand war das Ruhrgebiet
mit seinen 53 Städten und Gemeinden. Es ging darum, ein
„Gefühl" für die im Strukturwandel befindliche Region, ihre
Historie und gesellschaftspolitischen Umstände zu entwickeln,
charakteristische Inhalte herauszufiltern und diese in einem
Spiel erlebbar zu machen. Herausgekommen ist ein Brett- und
Kommunikationsspiel, das das Ringen um eine übergreifende
Ruhrstadt nachempfindet – ein Thema, das die Regionalpolitik
seit über 90 Jahren beschäftigt und heute aktueller ist denn je.
Denn um zukünftig im internationalen Wettbewerb bestehen zu
können, muss sich das Ruhrgebiet neu definieren.

aufRUHR!
In conjunction with the European capital of culture event
RUHR.2010, the board game "aufRUHR!" (uproar) was developed by UdK students. The Ruhr valley with its 53 cities and
municipalities was the research focus. We aimed to get a feel
for this region, its history, its changing cultural and political
situation and to then to distill our insights into a game others
could experience. In the end, what developed was a communi-
cative board game, which thematically addresses the political
debate about the creation of a single Ruhr Metropolis – a topic
of regional politics for the past 90 years and one, which is more
relevant today than ever. If the Ruhr Valley is going to remain
internationally competitive, it needs to adapt and redefine
itself.

Paderborner Bürger markieren ihre Lieblingsorte auf dem Stadtplan (Foto: Alessandro Jänicke); Fundstücke in der Stadt (Foto: Turit Fröbe).
Citizens of Paderborn marking their favorite places on the city map; hidden gems in the city.

Stadtdenker

Im Rahmen des experimentellen Seminars „Du siehst was, was ich nicht sehe" ist Turit Fröbe mit einer Gruppe von neun Studierenden für eine Woche als Stadtdenker nach Paderborn gegangen. Ziel war es, die Stadt in all ihren Facetten lesen zu lernen und dabei gleichzeitig den Bürgern vor Ort einen frischen Blick auf ihre Stadt zu ermöglichen. Alternative Stadt-führungen, spielerische Verfahren und Minimal-Interventionen zielten darauf ab, eine Wertschätzung für Baukultur im allerwei-testen Sinne zu erreichen und auch jene Dinge in den Fokus zu nehmen, die im Alltag allzu oft übersehen werden. Das Seminar war eingebettet in das ExWoSt-Forschungsprojekt Baukultur in der Praxis, das vom Bundesministerium für Verkehr, Bau- und Stadtentwicklung initiiert wurde und fand in enger Kooperation mit der Stadt Paderborn statt.

City Thinkers

For the experimental seminar "You see something that I don't see," Turit Fröbe and nine students became „City Thinkers" for a week in Paderborn. Their goal was to learn how to read the city in all of its facets and give the residents of Paderborn a new and unbiased view of their hometown. Alternative city tours, urban games, and minimal interventions aimed to expand the appreciation of the building culture by focusing on those buildings, which are often overlooked or forgotten in everyday life or those many think aren't worthy of their attention. The seminar was part of the ExWoSt research project, Building Culture in Practice, initiated by the Federal Ministry for Trans-port, Building and Urban Development and was created in close cooperation with the city of Paderborn.

Max Taut Preise
Max Taut Awards

Der jährlich verliehene Max-Taut Preis ist der besten Abschlus-
sarbeit gewidmet und mit einem Geldpreis dotiert, der von
den Professoren des Studiengangs gespendet wird. Aus dem
Feld der Abschlussarbeiten werden dabei einzelne Entwürfe
ausgewählt und öffentlich ausgestellt. Eine unabhängige Jury
externer Sachpreisrichter beurteilt die ausgesuchten Beiträge
und bestimmt in einer feierlichen Zeremonie einen oder mehre-
re Gewinner.

Each year the Max Taut Award is given to the best diploma and
endowed with prize money donated by the professors of the
architecture department. From the field of diplomas individual
designs are selected and publicly exhibited. An independent
jury of external experts evaluates the contributions and awards
the prize in a public ceremony.

Fundação do Infante -
Kunstkammer Ponta de Sagres, Portugal
Sebastian Murr
Prof. A. Krischanitz, Prof. Dr. M. Bollé, WM B. Krauss

Zur Zeit der portugiesischen Entdeckungsreisen brachte die epochale Begegnung mit der radikalen Andersartigkeit der neuen Welt eine regelrechte Bildungs-, Wissens- und Sammeleuphorie nach Europa.
Unterschiedlichste Objekte aus aller Welt wurden ausgestellt, gelagert, archiviert, erforscht und öffentlich gezeigt, in einer Mischung aus Museum, Schaulager, Laboratorium, Archiv, Schatzkammer und Repräsentationsgebäude.
Vor diesem Hintergrund zitiert das hier entwickelte Projekt einen klassischen Wehrturm. Äußerlich monolithisch und primitiv, entwickelt es in seinem Inneren eine komplexe Organisation, die schon früher sowohl als Schatzkammer aber auch als Verteidigungsstandort wie geschaffen war.

In the time of Portuguese discoveries the epoch making contact with the radical otherness of the New World initialized an euphoria of science, education and collection in Europe.
The most different objects from all over the world has been exposed, stored, archived, researched and shown in public, in places between museum, warehouse, laboratory, archive, treasure room and building for representation.
Against this background the developed project refers to a classical defence tower. Monolithic and primitive from the outside but with a complex organisation inside it was already in the former times made as a treasury and a place for defence at the same time.

Marrakesch
Greta Tiedje & Lisa Tiedje
Prof. Enrique Sobejano, Prof. Ingeborg Kuhler,
Prof. Wiel Arets

5 Erzählräume in der Medina von Marrakesch

Dieses Projekt bettet Räume des Wissensaustausches, der Interaktion und der Kommunikation in das öffentliche Netzwerk, die engen Gassen der Medina von Marrakesch, ein. In unserem Entwurf wird die programmatische Vielfalt und Offenheit der vorhandenen Typologien horizontal und vertikal an einem der letzten noch bebaubaren Orte der Medina vernetzt. Bewusst haben wir uns für diesen Ort und nicht für einen Ort in der Neustadt Guelize entschieden, um die museale Altstadt zu aktivieren. Hier wird die traditionelle Form der Wissensvermittlung, Erzählform, ganz selbstverständlich mit den heutigen Formen des Lernens verknüpft und in den Stadtraum integriert, welcher durch eine Bibliothek, eine Bühne, Werkstätten, ein Auditorium / Kino und ein Teehaus erweitert wird.

5 storytelling spaces in the Medina of Marrakech

This project embeds spaces of knowledge exchange, interaction and communication into the public network, the narrow alleys, of the Medina in Marrakech.

On one of the last buildable sites of the Medina, the programmatic diversity and openness of existing typologies is linked both horizontally and vertically. We deliberately chose this particular place rather than a place in the new town quarter of Guéliz to activate the museum character of the old town. In our design, the traditional form of knowledge transfer, a narrative form, is linked naturally with contemporary forms of learning and is integrated into the urban space, which will be extended with a library, stage, workshops, auditorium / cinema and a teahouse.

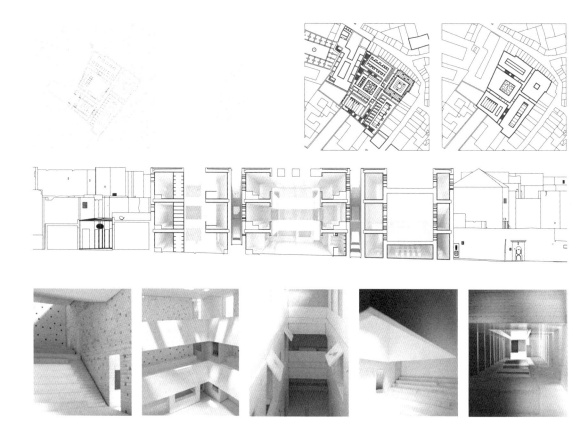

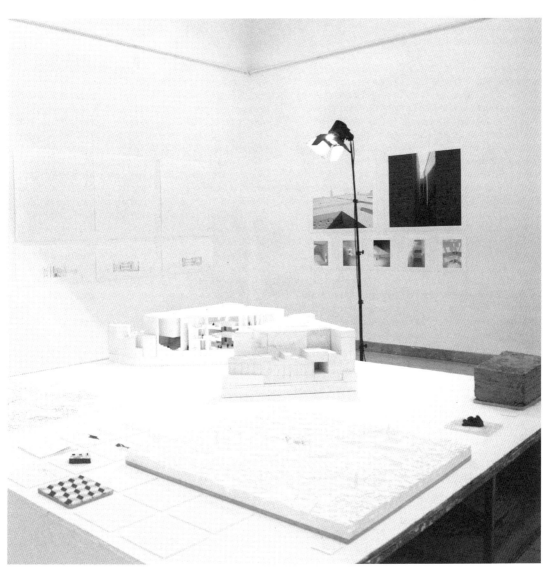

"RAK" Revue - Theater am Kottbusser Tor, 2008
Sebastian F. Lippok
Prof. Adolf Krischanitz, Prof. Wiel Arets

In Berlin gibt es viel. Viel Kultur, viel Unterhaltung, viel Nachtleben. Was fehlt ist die Synthese daraus - schillernd, wild, grenzenlos. RAK stellt den Kern dar einer derzeit wenig existenten Form der Unterhaltungskultur in Berlin, am ehesten vergleichbar mit dem faszinierenden Treiben um die Friedrichstrasse in den 20er Jahren. Ein Revue-Theater als Keimzelle von Vergnügen und sinnlichem Erleben, ein Experimentierfeld für neue Formen der Bühneninszenierung. Das sich über die Grenzen des Gebäudes hinaus mit seinem Umfeld vermischt, sich so mit der Stadt verwebt, dass es noch einige Straßenzüge weiter spürbar ist. The show starts on the sidewalk. Denkbar ist dies nur an einem exotischen, oft schon verloren geglaubten, so desaströsen wie anziehenden Ort: Berlin Kreuzberg, Kottbusser Tor. In der Gesetzlosigkeit dieses Verkehrsknotenpunkts zieht das RAK Menschen aller Art in seinen Bann und entlässt sie nach Ende der Vorstellung als berauschte Menge über die Bühne hinaus wieder in die Lokale der umliegenden Strassen. Das Gebäude thront über der U-Bahn-Trasse und öffnet sich auf dem Höhepunkt der Show durch eine große Fensterfront der Stadt. Konstruktiv zitiert das Revue-Theater am Kottbusser Tor die Nummernfolge des Genres und stapelt hoch, indem drei Baukörper übereinander gesetzt werden. Das Foyer im parallelweltlichen Untergrund bildet dabei die frei zugängliche Basis, im großen Saal in der Mitte vermischt sich die Wirklichkeit mit der Künstlichkeit, die schließlich oben im Bühnenturm erschaffen wird.

In Berlin there is a lot of culture, lots of entertainment and a vast nightlife. What is missing there is the synthesis of the dazzling, wild and limitless. RAK as the core represents a currently little-existent form of entertainment culture in Berlin, most comparable with the intriguing bustle to Friedrichstrasse in the 20s. A revue theater as the nucleus of pleasure, sensual experience and a testing ground for new forms of stage production. RAK extends beyond the limits of building addition, mingled with the surroundings and so interwoven with the city that there is a palpable presence on the streets. The show starts on the sidewalk. This is only conceivable in an exotic, and attractive location as Berlin Kreuzberg Kottbusser gate, often the exotic is believed lost. In the lawlessness this transport hub pulls the RAK seducing all sorts of people under its spell and then by the end of the presentation intoxicated quantities have rose and the stage pushes people back out into the pubs and the surrounding roads. The building sits above the subway line and opens at the climax of the show by a large front window of the city. Constructively the revue theater Kottbusser Tor cited the numerical sequence the genre and stacked high, by three structures will be placed above one another. The foyer in parallel secular base thereby forming the open-access basis, in the large hall in the middle mixes reality with artificiality, which will eventually create the top of the fly tower.

1

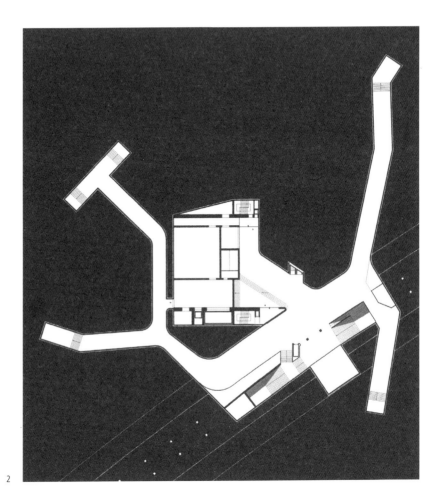

2

1   "RAK" Revue - Theater am Kottbusser Tor
2   Grundriss Untergeschoss

1   "RAK" Revue - Theater am Kottbuser Tor
2   Floorplan Basement

Plaza de Nuestra Senora de las Nieves . Wohnen mit Demenz
Anna von Aulock
Prof. Alfred Grazioli, Prof. Enrique Sobejano, WM Dirk Landt

Das Projekt Plaza de Nuestra Senora de las Nieves befindet sich in Valencias Centro Historico, das durch seine dichte städtebauliche Struktur und maurischen Wurzeln eine spannende und inspirative Grundlage für mein Entwurf bot. Das Grundstück befindet sich in Xella, einem Stadtteil des Centro Historico, das aus einer scheinbar unkontrollierbaren Aneinanderreihung von Plätzen, Gassen, Sichtachsen und Versprüngen besteht. Der demografische Wandel, der insbesondere in diesem Stadtteil sichtbar wird, fordert auch auf städtebaulicher Ebene eine neue Bauaufgabe. In meinem Diplom habe ich mich mit Demografie sowohl auf der städtebaulichen, als auch der gebäudeplanerischen Ebene auseindergesetzt. Im Städtebau schaffe ich eine Struktur, die an das bestehende Muster der Stadt anknüpft. Ich schaffe den Plaza de Nuestra Senora de las Nieves, der ein Zusammentreffen unterschiedlicher Wohnformen, wie ein Pflegeheim, ein Balnerio, eine Altersresidenz, ein Wohnhaus für Demenzkranke und Wohnen für Familien, ist. Ich habe die Funktionen bewußt in unterschiedliche Gebäude geteilt, um individuell architektonisch auf die jeweiligen Bedürfnisse einzugehen. Gebäudeplanerisch habe ich mich in meinem Diplom mit der psysichen Krankheit Demenz auseinandergesetzt, da gerade die Krankheit Demenz direkte Auswirkungen auf die räumlichen Anforderungen eines Gebäudes hat. Gängige architektonische Grundlagen, wie Bewegung, Orientierung und die dirkete Wirkung auf die Nutzer, müssen hier neugedacht werden. Die Krankheit fordert durch ein verändertes Sozialverhalten auch ein Umdenken gewohnter räumlicher Grundrissanordnungen. Somit sind die Themen Orientierung und soziale Interaktion die Hauptfaktoren meines Gebäudeentwurfs. Orientierung wird in meinem Entwurf durch vier Faktoren geschaffen, Erstens durch Gewohnheit; ich bringe das gewohnte städtischen Gefüge ins Haus und schaffe im Inneren des Gebäudes eine Aneinanderreihung von Plätzen, Gassen und Häusern. Durch eine Inszenierung von Blickbezügen und einem Rundweg schaffe ich eine Orientierung beim Durchwegen des Hauses. Auch das Licht spielt eine wichtige Rolle; die großen Stadtfenster, die an die maurischen Mashrabia-Erker angelehnt sind, schaffen im Gebäudeinneren Ruhe und einen geschützten Bereich. Besondere Orte, wie die Kapelle, werden mit Licht akzentuiert, um dem Bewohner instinktiv die besondere Funktion zu vermitteln und geben somit Orientierungspunkte. Die Aneinaderreihung von schattigen Gassen und hellen Plätzen im Haus schafft einen Rythmus, der Sicherheit erzeugt. Neben der Orientierung spielt der Aspekt der sozialen Interaktion für den Demenzkranken eine wichtige Rolle. Durch die Eingliederung öffentlicher Funktionen, wie Restaurant, Läden, Cafe, Kapelle und Veranstaltungsräumen in das gesamte Gebäude, soll die Stadt ins Haus geholt werden, um somit die Isolation der Demzkranken aufzuheben. Auch im Wohnbereich der Demenzkranken gilt es die soziale Interaktion zu fördern; hier werden die privaten Bereiche auf ein Minimum reduziert und ein gemeinschaftliches Leben durch die räumliche Ausprägung gefördert. Das zurückhaltend gestaltete Gebäude orientiert sich in Höhe und Materialwahl an die angrenzenden historischen Gebäude. Die Vielschichtigkeit der Stadt, die das Gebäude im Inneren wiederspiegelt, wird dabei durch den gestalterisch ruhigen Charakter der äußeren Hülle kontrastiert.

1

2

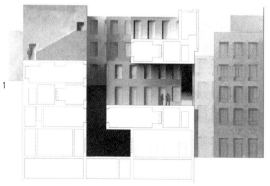

3

4

5

1   Grundriss 5. OG / Floorplan 5th Floor,
2   Ansicht Calle Santissimo / Elevation Calle Santissimo
3   Schnitt BB / Section BB
4   Vogelperspektive / Birdview
5   Innenansicht Kapelle / Interior Chapel

Luna Park / Out Of Order
Prof. Alexandra Ranner

„**Luna Park**" ist ein Film. Es geht um einen Mann, der unabsichtlich in das nur im flackernden Neonlicht sichtbare Berliner Untergrundlabyrinth gerät. Eine Welt aus fahlem Licht, Schatten und nacktem Beton, ungenutzt und vergessen, doch nicht leer. Der Film unternimmt eine atmosphärische Umdeutung verwaister Parkhäuser als unentdecktem Möglichkeitsraum, der sich aus realen Drehorten in ganz Berlin zu einem architektonisch ästhetischen Gesamtkonstrukt zusammenfügt. Die Parkhäuser, in denen gedreht wurde, künden vom Vergehen, vom Stillstand und vom Werden. Es geht um eine Projektionsfläche für unerfüllte Sehnsüchte, die die Bilder im Kopf in Bewegung zu bringen vermag.

Ein Großteil der Parkhäuser sind heute (2013) schon abgerissen und vergessen.

„Luna Park" is a film. It is about a man who unwittingly enters a flickering neon labyrinth in a fairground. A world of pale light, shadows and bare concrete, unused and forgotten, but not empty. The filmmaker takes abandoned multi-storey car parks, rethinking and reusing the location, transforming them into a space of atmospheric, undiscovered possibilities.
The multi-storey car park at the fairground is disused, suggesting decay and dereliction. It's a projection surface for unfulfilled desires, enabling images to come to life.

Most of them are already demolished and forgotten today (2013).

watch „Luna Park": http://www.realeyz.tv/de/luna-park.html

„**Out Of Order**" ist eine städtebauliche Analyse & Theorie. Berlin ist geprägt von dramatischen Brüchen, die in ihrer Radikalität zum Markenzeichen und zur neuen Qualität geworden sind: Es besteht heute aus mehr Fragmenten als ein Ganzes Teile hat. Die Schnittstellen der Brüche zwischen den einzelnen Fragmenten verraten mehr über den Zustand von Architektur und Gesellschaft als die wohlgestalteten Straßen und Plätze. An diesen Orten vollzieht sich die Transformation von gebauter Architektur der Stadt in eine lesbare Form. Die Nützlichkeit und Unverzichtbarkeit dieser Räume für das Stadtgefüge sind ihr gleichzeitig realer als auch subversiver Charakter. Es geht um unentdeckte Orte, neue Sichtweisen auf Altbekanntes und temporäre Aneignung(en) von Raum. Das Ziel von „Luna Park" war die Identifizierung dieser übersehenen Orte, abseits der gerade in Berlin schon sehr ausgetretenen Wege und der Beleg der These der Notwendigkeit dieser „Freiräume" für die städtische Identität und Perspektive.

„Out Of Order" is an urban analysis and theory. Berlin today is dominated by dramatic fractures, which have become the trademark and the new value of the city: it now consists of more fragments as a whole has parts. The interfaces of the breaks between the individual fragments reveal more about the state of architecture and society than the well-built streets and squares. In these places, the transformation of built architecture of the city into a readable form takes place. The usefulness and indispensability of these spaces for the urban fabric are it's simultaneously real and subversive character. It's about undiscovered places, new perceptions of once well-known locations and the temporary acquisition of space. The goal of „Luna Park" was to identify and document these overlooked places in Berlin, just off the very beaten track and then to analyze and proof the necessity of this „free spaces" for the urban identity and perspective of Berlin and any other city in the world.

read „Out Of Order": http://www.arch.udk-berlin.de/static/ranner/Projekt/vergessene-raeume.htm

Kontaktdaten / Contact and Directions

Postanschrift / Mailing Address
Universität der Künste Berlin
Fakultät Gestaltung
Studiengang Architektur
Hardenbergstr. 33, 3.Stock
10623 Berlin
Deutschland

Geschäftsführender Direktor / Managing Director
Prof. Dr. C. Gengnagel

Stellv. Geschäftsführender Direktor / Deputy Managing Director
Prof. Dr. C. Nytsch-Geusen

Sekretariat Studiengang Architektur / Office of Architecture Department
Sabine Hanel
Hardenbergstr. 33, 3. OG, R. 335
fon +49. (0)30. 3185-2573
fax +49. (0)30. 3185-2921
info_arch@udk-berlin.de

Öffnungszeiten / Opening hours
Mo-Do/Mo-Thurs 09.00-12.00 and 14.00-15.30 Fr 09.00-12.00

Immatrikulations- und Prüfungsamt / Enrollment and Registrar's office
Universität der Künste Berlin
Einsteinufer 43 - 53, 4. OG, R. 403 K
10595 Berlin Mrs. Ariane Scherlé,
fon +49. (0)30. 3185-2205
ariane.scherle@intra.udk-berlin.de

Internationale Beziehungen / International Affairs
fon +49. (0)30.3185-2443
international@udk-berlin.de

Presse / Press
fon +49. (0)30.3185-2450
presse@udk-berlin.de